UNIVERSITÉ DE PARIS. — FACULTÉ DE DROIT

ÉTUDE

SUR

L'ACTE D'ADMINISTRATION

EN DROIT CIVIL FRANÇAIS

THÈSE POUR LE DOCTORAT

PAR

PAUL GOLDSCHMIDT

AVOCAT A LA COUR D'APPEL

PARIS

LIBRAIRIE NOUVELLE [illegible] ET [illegible] JURISPRUDENCE

[illegible] ROUSSEAU, ÉDITEUR

[illegible] SOUFFLOT [illegible] 13

[illegible]

THÈSE
POUR LE DOCTORAT

La Faculté n'entend donner aucune approbation ni improbation aux opinions émises dans les thèses ; ces opinions doivent être considérées comme propres à leurs auteurs.

UNIVERSITÉ DE PARIS. — FACULTÉ DE DROIT

ÉTUDE

SUR

L'ACTE D'ADMINISTRATION

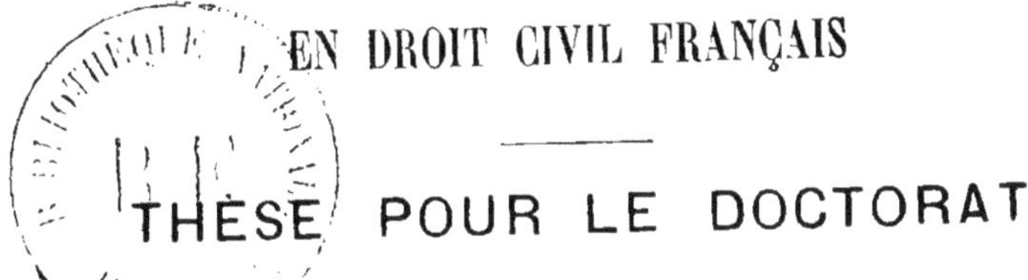

EN DROIT CIVIL FRANÇAIS

THÈSE POUR LE DOCTORAT

L'ACTE PUBLIC SUR LES MATIÈRES CI-APRÈS
Sera soutenu le mercredi 23 mars 1898, à 2 h. 1/2

PAR

PAUL GOLDSCHMIDT

AVOCAT A LA COUR D'APPEL

Président : M. LÉON MICHEL.

Suffragants : MM. BOISTEL, CHAVEGRIN, *professeurs*.

PARIS

LIBRAIRIE NOUVELLE DE DROIT ET DE JURISPRUDENCE

ARTHUR ROUSSEAU, ÉDITEUR

14, RUE SOUFFLOT ET RUE TOULLIER, 13

1898

ÉTUDE

SUR

L'ACTE D'ADMINISTRATION

EN DROIT CIVIL FRANÇAIS

INTRODUCTION

1. — Dans un très grand nombre d'articles, le Code, dans les situations en apparence les plus diverses, prononce le mot *administration*.

Qu'est-ce que cette administration ? Quelles sont les hypothèses dans lesquelles elle intervient et les nécessités qui la commandent ? Quelle est sa nature, quel est son rôle, quelle est sa fonction sociale et économique ?

2. — Dans le langage courant, on dira d'un individu qui a l'entière disposition de ses biens et le plein exercice de ses droits, qu'il *administre* son patrimoine ; maître de ses droits, libre de ses actes, cet individu aura sur son patrimoine les droits de jouissance et de disposition les plus absolus auxquels seules

viendront faire échec les prohibitions et les restrictions qu'édictent, au nom de l'intérêt général ou de l'ordre public, certaines lois ou certains règlements (art. 544 du Code civil).

L'expression administrer n'aura ici aucun sens juridique précis, elle sera synonyme de gérer, faire fructifier, faire en sorte que le patrimoine se maintienne toujours à sa hauteur, et même, obéissant à la loi économique qui veut que chaque bien donne le maximum de rendement dont il est susceptible, dépasse, s'il est possible, le chiffre, qui en représente la valeur abstraite.

L'expression administrer embrassera, dès lors, tous les actes de la vie juridique.

3. — Mais il peut arriver qu'un individu, pleinement capable en fait et en droit, voie par une disposition formelle de la loi, sa liberté d'action restreinte à l'égard de certains biens ; ceux-ci sont entrés dans son patrimoine, et il semble dès lors que son droit de propriétaire doive pouvoir s'exercer sur eux, en toute liberté ; il n'en est rien ; une situation juridique nouvelle aura suffi à produire ce résultat ; acceptant cette situation, il s'engage à en subir les conséquences et se trouve obligé, s'il ne veut la compromettre, à se conformer aux restrictions qui en découlent ; ces restrictions, la loi les lui impose, non dans son intérêt, mais dans celui de certains tiers, dont elle se montre soucieuse de sauvegarder les droits.

Tel sera, par exemple, le cas de l'*héritier* appelé à une succession, et qui, se trouvant encore dans les délais, ne pourra accomplir sur elle que des *actes d'administration*, sous peine de compromettre son droit d'option (art. 779).

Tel encore (art. 803), le cas de l'héritier qui a accepté une succession sous *bénéfice d'inventaire*; dans l'intérêt des créanciers et des légataires, la loi ne lui accorde que des *pouvoirs d'administration*; a-t-il outrepassé ses droits, il est déchu de son bénéfice.

Cette hypothèse se présente encore dans le cas du *grevé de substitution* (art. 1062), dont la situation peut assez bien se comparer avec celle de l'héritier bénéficiaire ; tous deux sont propriétaires, et ne cesseront même peut-être jamais de l'être ; mais sur les biens, objet de la substitution, s'exercent déjà d'une façon sourde et latente, les droits de l'appelé, comme s'exercent sur les biens de l'hérédité, ceux des créanciers et des légataires ; dans les deux cas, la loi réserve les droits des intéressés sur ce qui est destiné à devenir peut-être un jour leur propriété ; à l'ouverture de la substitution, lorsque cette propriété se trouvera réalisée, les droits du grevé seront rétroactivement résolus ; les actes qu'il aura accomplis tomberont, et la loi ne respectera que ceux qui ont trait à l'*administration*.

4. — A côté de ces individus capables, au droit de propriété desquels un texte formel impose dans l'intérêt des tiers certaines restrictions, la loi prononce le mot administration dans des circonstances très différentes de celles que nous venons d'examiner.

Il s'agira par exemple, d'un individu qui, dans l'impossibilité où il va se trouver de pourvoir à la gestion de ses biens, met un tiers à la tête de ses affaires, et lui abandonne le soin de les gérer au mieux de ses intérêts.

Quels seront les pouvoirs de ce mandataire, autrement dit, dans quelle mesure son action va-t-elle se trouver substituée à celle du propriétaire ?

Pas de difficulté si ses pouvoirs sont expressément déterminés dans l'acte de procuration lui-même ; il suffira de se référer aux termes du mandat ; mais le doute surgit lorsque le mandat se trouve conçu en termes généraux, laissant ainsi le champ libre à toutes les interprétations : la loi vient ici à notre aide, et l'*administration* va encore nous apparaître comme la mesure dans laquelle le mandat pourra valablement s'exercer, et comme la limite que, sous peine d'outrepasser ses droits, le mandataire ne devra pas franchir (article 1988).

5. — A côté de ces mandataires conventionnels, la loi elle-même, pour assurer sur le patrimoine des incapables la réalisation des mesures de précaution

et de garantie qu'exige une bonne gestion, et auxquelles elle estime qu'ils ne sont pas en état de pourvoir, nomme à la tête de leurs biens, un tiers avec charge de les *administrer*.

Ou bien, c'est un individu qui s'éloigne de ses affaires et qui néglige de pourvoir à la gestion de ses biens pendant son absence ; la loi supplée à son oubli, et par une présomption de volonté toute naturelle, nomme un *administrateur* à la tête de son patrimoine.

Enfin, dans le but de réaliser dans des institutions comme la famille, le mariage, l'unité de direction nécessaire à leur bonne harmonie, la loi prive soit l'enfant mineur, soit la femme mariée, d'une partie de leurs droits, et donne mandat au père ou au mari, *d'administrer leurs biens.*

Ces hypothèses se présenteront dans le cas de l'absent (art. 112-125) ; de l'enfant mineur (art. 389) ; du mineur en tutelle (art. 450), de l'interdit (art.497); tel encore le cas du mari administrateur des biens de sa femme (art. 1421, 1428, 1531, 1549).

6. — La loi s'est préoccupée de bonne heure de la gestion des biens des incapables, et la société a toujours placé au premier rang de ses devoirs, la protection de leurs intérêts ; abandonner en effet la pleine administration de leur patrimoine à certains individus que leur âge ou leur faiblesse d'esprit

laisse désarmés contre les agissements des tiers et les pressions que ne manqueraient pas d'exercer sur eux, ceux toujours trop prompts à abuser de l'inexpérience d'autrui, ce serait assurer, pour leur plus grand dommage, la ruine certaine de leur patrimoine ; ce serait de plus aller à l'encontre de l'intérêt général qui est loin de trouver son profit à une modification trop brusque dans la fortune des particuliers, et à la perturbation économique qui en est la conséquence inévitable.

A Rome, les impubères *sui juris* étaient en tutelle, mais au début tout au moins du droit romain, cette mesure n'avait pas été prise dans leur intérêt ; c'était moins pour eux que contre eux qu'était établie la tutelle.

« Un certain nombre de tuteurs, les tuteurs légitimes, ne devaient en effet leur vocation qu'à leur qualité d'héritiers présomptifs de la personne en tutelle, et, en conséquence, les tutelles furent primitivement organisées dans l'intérêt des tuteurs eux-mêmes que l'on invitait en quelque sorte à sacrifier, pour la conservation de leurs propres espérances, les droits qu'ils étaient chargés de protéger » (1).

Mais une réaction ne tarda pas à s'opérer contre cette conception fausse, et dans les cas même où le tuteur était appelé, à raison de sa vocation hérédi-

(1) Accarias, t. I, n° 123.

taire, les règles de la tutelle finirent par être déterminées par le seul intérêt du pupille.

Exagérant même la protection due aux incapables, par suite de l'introduction par le préteur de la *restitutio in integrum*, la loi romaine protégea le pupille en tutelle et le mineur de vingt-cinq ans en curatelle contre tous les actes, soit qu'ils avaient passés seuls, ce qui n'a rien que de très juste, mais aussi, ce qui peut sembler excessif, contre ceux qu'ils avaient passés, avec l'*auctoritas* du tuteur ou du curateur.

Chez nous il n'en est plus ainsi, car à mesure que se modifient la notion et la raison d'être de la protection des incapables, à mesure que s'affirme le principe de solidarité sociale qui domine notre système de la tutelle, une nouvelle considération entre en ligne de compte, considération tirée du crédit.

Celle-ci exige dans les transactions, la sécurité et veut qu'on puisse traiter à coup sûr avec un incapable ou son représentant : tout système qui méconnaîtrait cet élément irait à l'encontre du but qu'il se propose d'atteindre, et c'est pourquoi nous voyons la loi valider dans tous les cas l'acte régulièrement passé par le tuteur, au nom du mineur, alors même que cet acte est pour lui une cause de lésion.

Le consentement du tuteur ou du curateur est donc requis dans l'intérêt personnel de l'incapable ;

mais il trouve de plus sa raison d'être dans cette nécessité économique qui veut qu'aucun bien ne reste improductif, qu'il y ait de par le monde une circulation active de richesses, à condition toutefois que cette circulation ne soit pas le résultat de transactions inconsidérées, qui, par suite du trouble qu'elles apporteraient dans les fortunes privées, occasionneraient un bouleversement économique, mais qu'elle soit au contraire réalisée par le développement régulier, par le fonctionnement normal des divers éléments de la fortune ; or ce plus grand rendement est assuré par une sage administration.

7. — Puis à mesure que les incapables mûrissent en âge, lorsque posant certaines présomptions et voulant étendre graduellement leur capacité, la loi suppose qu'elle peut, sans inconvénient pour eux, leur laisser une certaine liberté; ou bien, lorsque par suite de la séparation de biens, il n'est plus nécessaire que la direction des intérêts des deux époux soit centralisée dans les mêmes mains, la loi alors confère l'*administration* de leurs biens au mineur qui vient d'être émancipé (art. 481), ou à la femme qui a obtenu la séparation de biens (art. 1449).

8. — Nous voyons donc que dans toutes ces hypothèses, qu'il s'agisse d'individus capables de gérer leurs biens, mais qui, par suite d'une circonstance

particulière, voient leurs droits restreints sur certains éléments de leur patrimoine, soit encore qu'il s'agisse d'un mandataire auquel la convention ou la loi confère un droit sur le patrimoine d'autrui, soit enfin qu'il s'agisse d'individus à capacité restreinte, pour déterminer la nature et la portée de leurs droits, la loi, dans toutes ces différentes circonstances, use invariablement du même terme : l'*administration*.

L'administration nous apparaît donc comme la limite du droit qu'a un tiers de s'immiscer dans les affaires d'autrui, ou du droit qu'a un individu incapable de gérer son patrimoine.

9. — Mais, ce qui fera l'objet de notre étude, ce ne sera pas un examen séparé des pouvoirs de chaque administrateur, nous ne passerons pas successivement en revue les différentes administrations pour étudier les caractères qui les distinguent les unes des autres et nous répondons ainsi par avance au reproche qui pourrait nous être adressé, de ne pas avoir été assez complet dans l'examen de toutes les hypothèses où se fait jour cette notion ; nous aurons à examiner les différents éléments qui entrent dans cette notion de l'acte d'administration, à rechercher s'il existe vraiment un acte d'administration, et si cela est, les considérations qui ont poussé le législateur à ranger tel acte dans la classe des actes d'administration.

La difficulté de notre matière vient de ce que, nulle part, un texte n'en a donné une définition unique, et de ce qu'aucun article du Code ne fixe d'une manière précise les divers éléments dont la réunion est, aux yeux de la loi, nécessaire et suffisante pour constituer l'acte d'administration.

Aussi bien, une étude approfondie des textes peut-elle sembler vaine ; tantôt en effet la loi emploie le mot administration, sans le faire suivre d'aucune restriction, d'aucune explication, et sans nous dire le sens exact qu'elle y attache : dans d'autres cas, au contraire, après cette formule générale, celui qui a la charge d'administration, voit immédiatement la loi lui conférer certains pouvoirs, lui laissant ainsi un champ d'action plus vaste.

Ailleurs, la loi procède encore d'une façon différente. A celui à qui elle vient de conférer un droit d'administration, la loi aussitôt restreint ses droits et limite son pouvoir. — Dans d'autres cas enfin, la loi crée une incapacité de toutes pièces, mais on réserve généralement à cet incapable un droit d'administration, sans même que le terme en soit écrit dans la loi ; on sous-entend ce droit. Il paraît implicitement résulter de certaines mesures restrictives et semble suffisamment ressortir de l'économie générale de certains articles.

On voit que la difficulté est grande ; on peut en effet se demander, lorsqu'on se trouve en face d'une formule générale, quel sera l'acte d'administration ; si l'on veut éclairer cette recherche par une recherche parallèle des autres administrateurs, à propos desquels la loi s'explique, l'embarras est plus grand encore, car il nous sera difficile de distinguer si, après avoir posé une formule générale, la mention qui suit constitue un développement, un exemple, si, au contraire, c'est un pouvoir spécial, une restriction, une exception, ou si encore, ces textes ne font simplement qu'indiquer la mesure de la responsabilité de l'administrateur.

10. — Nous exposerons, dans un chapitre préliminaire,les systèmes proposés ou simplement concevables, et les définitions qui ont été données de l'acte d'administration.

Nous examinerons ce que ces systèmes, en ce qu'ils ne donnent pas aux mots leur véritable portée, en ce qu'ils méconnaissent souvent les exigences de fait et le rôle économique que doit jouer l'administration, ont de défectueux ou d'incomplet.

Puis guidé par les textes, à l'aide des principes de raison que nous aurons posés, nous formulerons la nécessité d'une grande distinction tripartite, qui tout en respectant la nature même des choses, tient compte des nécessités sociales et économiques actuelles.

Nous verrons, dans trois chapitres successifs, comment, dans chacune de ces classes, peuvent rentrer des notions à peu près uniformes d'administration, se rattachant respectivement à un même principe, grâce à une large interprétation des textes, et une saine application des principes.

Au fur et à mesure de nos explications, nous rechercherons les différentes applications pratiques de cette théorie, nous passerons en revue quelques-unes des principales solutions que la jurisprudence a été appelée à consacrer, et qui, palliant aux inconvénients qui pourraient résulter d'une trop rigoureuse interprétation des textes, viennent en outre corroborer, par l'autorité qui s'attache à ces décisions, le système doctrinal, que nous aurons cru devoir adopter.

CHAPITRE PRÉLIMINAIRE

DIFFÉRENTS SYSTÈMES. — EXAMEN CRITIQUE.

SECTION I. — **L'acte d'administration opposé à l'acte de disposition.**

11. — Cherchant à poser un critérium certain de l'acte d'administration, des auteurs, loin de s'attacher à ses éléments positifs, procédant plutôt par une définition négative, décident que l'acte d'administration sera tout acte autre que l'acte de disposition.

C'est à propos de l'administration légale du père que les partisans de cette doctrine sont appelés à donner cette formule, à laquelle ils attribuent cependant une portée très générale, et que semble au premier abord consacrer l'article 1988 ; cette théorie assez répandue en doctrine, compte parmi ses défenseurs des auteurs considérables.

« Le père, dit M. Valette (1), n'a que le simple titre d'administrateur. Pourquoi pourrait-il donc, seul et sans être autorisé, faire des actes qui, d'après une loi expresse, ont le caractère d'actes d'aliénation ? »

M. Demolombe (2), à son tour, s'exprime ainsi :

(1) Valette, *Explication sommaire du livre* 1er, t. I, pp. 220 et s.
(2) Demolombe, t. II, n° 444.

« Le père n'est d'après le texte même qu'un administrateur (art. 389) ; or à ce titre, il n'a pas le pouvoir d'aliéner (art. 1988). »

C'est encore au même point de vue que se placent MM. Massé et Vergé (1). « Il est assez difficile, disent ces auteurs, de déterminer le point où s'arrête le droit du père en tant qu'administrateur des biens de ses enfants mineurs. Aucune loi ne donne au père des pouvoirs illimités, aucune loi ne détermine les limites de ses pouvoirs. Cette limite se trouve dans *la nature même des choses* ; le père est administrateur des biens de ses enfants mineurs : il peut donc faire tout ce que peut faire un administrateur, et comme il est en même temps usufruitier, il a, dans son administration, une liberté d'action qui ne peut appartenir à un administrateur ordinaire, par exemple au tuteur. Mais le père n'est qu'administrateur ; il ne peut donc, en cette qualité, faire des actes qui excèdent les bornes des pouvoirs les plus étendus d'un administrateur, et spécialement les actes d'aliénation. »

Voilà qui est net, la question est franchement résolue; une antinomie absolue existe entre la notion d'administration et celle de disposition ; c'est une opposition irréductible, qui est tirée « de la nature même des choses » (2), et qui est consacrée par les textes formels de notre Code.

(1) Massé et Vergé, *Traduction de Zachariæ*, t. I, p. 406, note 12.
(2) Massé et Vergé, *loc. cit.*

M. Laurent (1) est plus catégorique encore :

« Celui qui administre des biens appartenant à un tiers ne peut faire que des actes d'administration, il ne peut pas faire d'actes de disposition. Ce principe est fondé sur la nature même des choses ; le propriétaire seul a le droit de disposer de ses biens, parce que le droit de disposition est un des attributs de la propriété, l'administrateur n'étant pas propriétaire ne peut pas disposer des biens qu'il administre. »

Mais, ce principe est encore trop vague, il faut savoir ce que c'est qu'un acte d'administration, ajoute M. Laurent ; et comme il s'efforce d'assigner une limite au droit d'administration légale du père, qu'aucun texte ne vient restreindre, il cherche dans une matière analogue, celle de la tutelle, traitée dans le Code avec plus de détails, les règles relatives à l'administration du tuteur, dont il sera peut-être possible d'appliquer les dispositions au père administrateur légal ; peut-être par exemple, pourra-t-on dire, que ce dernier aura le droit de faire seul les actes que le tuteur peut faire avec l'autorisation du conseil de famille.

Mais dans la matière de la tutelle, M. Laurent commence par convenir que la loi ne suit pas rigoureusement la distinction entre les actes d'adminis-

(1) Laurent, t. II, n° 305.

tration et les actes de disposition ; il n'en veut pour preuve que l'acceptation d'une donation, qui certes, dit-il, n'est pas un acte de disposition, et que le tuteur, néanmoins, pour des motifs de moralité (art. 463), ne pourra faire qu'avec l'autorisation du conseil de famille.

On ne peut donc pas, poursuit-il, poser comme principe que tout acte pour lequel le Code prescrit l'autorisation du conseil de famille soit un acte qui dépasse le pouvoir de l'administrateur ; cela est si vrai, que la loi donne aux père et mère et autres ascendants, quand même ils ne seraient pas tuteurs, le droit d'accepter les donations faites au mineur (art. 935).

D'autre part, M. Laurent reconnaît que la loi suit des principes différents dans les diverses administrations, et qu'après avoir assimilé le tuteur au mineur émancipé, assisté de son curateur (art. 484), elle ne leur donne pas des pouvoirs identiques, témoin le fait de recevoir et de donner décharge d'un capital mobilier que le tuteur accomplit valablement seul et qui est en dehors des attributions du mineur émancipé (art. 482).

M. Laurent arrive donc à cette conclusion que « c'est la nature même des actes qui doit être considérée pour déterminer si ce sont des actes d'administration. Tout acte concernant les biens est un acte d'administration ou un acte de disposition. Les actes de disposition sont ceux qui entraînent une aliénation totale ou partielle d'un bien quelconque ; tout acte qui n'entraîne pas une aliénation est, par cela même, un acte d'administration » (1).

12. — Nous sommes parfaitement d'accord avec M. Laurent, lorsqu'il déclare qu'il ne faut pas, dans les diverses hypothèses où se rencontre la notion d'administration, procéder par analogie, et transporter d'un cas à un autre, des règles et des principes, édictés peut-être en vue d'une situation spéciale.

Mais alors, pourquoi ranger tel acte, comme par exemple l'acceptation d'une donation, interdite au tuteur, permise au contraire au père, à la mère ou à tout autre ascendant, parmi les actes d'administration ?

Tout ce que nous pouvons argumenter de cette différence de solutions, c'est qu'il y a des cas où accepter une donation, ce sera faire acte d'administration, d'autres où ce sera le contraire.

Mais de quel droit venir dire : accepter une donation, ce sera toujours un acte d'administration, mais il peut arriver que, mue par des considérations spéciales, la loi l'interdise à l'administrateur.

(1) Laurent, *loc. cit.*, n° 304.

Comment peut se concevoir, nous le demandons, un acte d'administration qu'un administrateur n'aura pas le droit de faire, et pour un esprit non prévenu, pourquoi l'acceptation d'une donation apparaîtrait-elle, comme constituant toujours un acte d'administration? Pourquoi l'exception ne serait-elle pas au contraire là où la loi permet à un administrateur d'accepter une donation pour un tiers?

C'est que M. Laurent, et avec lui beaucoup d'auteurs sont dominés par cette pensée que tout acte juridique constitue ou un acte d'administration, ou un acte de disposition, et *c'est cette distinction, sans aucun fondement juridique, qu'en tête de toute étude sur l'acte d'administration, il convient tout d'abord de réfuter.*

13. — Remarquons en premier lieu la place de l'article 1988, sur lequel s'appuie tout ce système ; c'est à propos du mandataire conventionnel que la loi s'exprime ainsi :

« Le mandat conçu en termes généraux n'embrasse que les actes d'administration ; s'il s'agit d'aliéner ou d'hypothéquer, ou de quelque autre acte de propriété, le mandat doit être exprès. »

Cet article est donc spécial à l'administrateur, qui tire son droit d'une convention librement arrêtée entre les parties ; sur quels principes se baser pour l'étendre à l'administrateur du patrimoine d'un incapable, désigné, non plus par suite d'un accord de volonté intervenu entre deux individus, mais nommé par la loi elle-même, c'est-à-dire au cas où il entre en jeu, moins à proprement parler, une question de mandat, qu'une question de pouvoirs ?

Enfin l'article 1988 et la distinction qu'il établit ne pourront pas servir à poser un critérium de l'acte d'administration dans toutes les hypothèses, où il s'agira d'un individu réduit au rôle d'administrateur sur ses propres biens, soit dans son intérêt, soit dans celui des tiers ; car ce sont là des hypothèses où la notion de mandat ne se fait même pas jour.

14.— Nous répondrons ensuite qu'il est erroné de dire que tout acte qui ne constituera pas un acte de disposition sera permis à l'administrateur ; car en prenant les mots dans le sens où les prennent les partisans de cette théorie, le bail est, avant tout, un acte d'administration ; qu'ils veuillent bien se reporter aux termes de l'article 1429 et qu'ils expliquent pourquoi, dans certaines circonstances, le bail consenti par l'administrateur pour une durée de plus de 9 ans, pourra être réduit sur la demande du propriétaire.

Que le bail ait été consenti pour une période de neuf années ou plus, l'opération juridique est la même : il n'y aura jamais eu disposition : comment alors expliquer que, dans un cas le bail soit un acte d'administration, que dans l'autre, il soit intervenu un acte dépassant les pouvoirs d'un administrateur ?

Il n'y a certes aucune aliénation dans le fait de percevoir à l'avance des loyers ; le patrimoine de celui qui les touche viendra au contraire s'enrichir de l'intérêt de ce capital utilement placé ; comment alors, avec le seul critérium posé par les auteurs, expliquer que la réception anticipée de loyers ou de fermages, soit un fait généralement prohibé à l'administrateur (1) ?

Autre objection : la vente des récoltes, la vente des fruits, la vente des objets périssables, des meubles dispendieux à conserver, des instruments aratoires qui doivent être renouvelés, ce sont là, au premier chef, des actes de disposition ; seront-ils, pour cela, interdits à l'administrateur ?

15. — Enfin, remarquons qu'en allant au fond des choses et en donnant aux mots toute leur portée, la distinction entre l'acte d'administration et l'acte de disposition est impossible à concevoir en droit et à appliquer en fait : car tout acte juridique, quelconque, et c'est là une remarque capitale, entraîne forcément avec lui une disposition partielle d'un élément du patrimoine.

(1) Poitiers, 2 juillet 1845, D. 46.2.128 ; D. *Rép.*, V° *Minorité*, n° 802.

La vente peut-elle se concevoir sans deux prestations réciproques, le paiement d'une dette, sans l'aliénation des deniers qui servent à son acquittement?

Recevoir au contraire le montant d'une créance, n'est-ce pas aliéner ce droit de créance lui-même? Celui qui paie ses dettes s'enrichit, car il décharge son patrimoine d'une obligation qui le grevait ; si cet axiome est vrai, il faut bien admettre que celui qui en reçoit le montant, s'appauvrit d'autant.

Le débiteur aux abois, auquel le créancier, en échange d'une sûreté, tels qu'un gage ou une hypothèque, accorde un terme pour le paiement de sa dette, évite peut-être par là la saisie, la vente de ses biens, la faillite s'il est commerçant ; mais il expose en même temps son patrimoine à l'aliénation possible de la chose donnée en gage ou de l'immeuble hypothéqué, si la dette n'est pas payée à l'échéance.

Sans même supposer une sûreté donnée au créancier, la concession d'un terme n'implique-t-elle pas, le plus souvent au moins pour celui qui le sollicite, soumission de payer, tant que le terme ne sera pas échu, les intérêts de la somme due?

Dans l'emprunt, ce caractère double ne se retrouve-t-il pas avec toute sa force? Le prêteur aliène ses deniers, mais il acquiert une créance ; l'emprunteur de son côté, en même temps qu'il fait entrer une nouvelle valeur dans son patrimoine, s'oblige en échange à acquitter l'intérêt de la somme empruntée, et grève son patrimoine d'une restitution future.

Pourquoi a-t-il pu valablement être décidé que l'administrateur, dans une vente à réméré où il aurait joué le rôle d'acheteur, ne pouvait pas proroger le délai conventionnel pour l'exercice du réméré (1)? C'est qu'en prorogeant ce délai, l'acheteur sans doute est assuré de conserver plus longtemps la chose, mais il procède aussi en même temps à une disposition de certains éléments de son patrimoine.

En effet un individu consent à acquérir une chose sous condition de rachat, parce qu'une telle opération, à cause de l'incertitude dans laquelle il place l'acheteur, incertitude produite par la possibilité de rachat suspendu sur sa tête, se fait habituellement à des conditions plus avantageuses qu'une vente ferme : l'intérêt de l'acheteur est compris dans la diminution du prix de vente : or, en accordant un délai (le prix restant le même), l'acheteur augmente l'aléa, la possibilité de l'exercice du réméré ; il stipule le même intérêt pour un temps plus long que celui qui avait été pri-

(1) Cass., 18 mai 1813, S. et P. chr. D. *Rép.*, V° *Minorité*, n° 144 ; Riom, 3 fév. 1815, S. et P. chr. Laurent, t. I, n° 96 ; Demolombe, t. 7, n° 735.

mitivement fixé ; autrement dit, il consent à une diminution de cet intérêt, il l'aliène virtuellement.

16. — Même les actes, qui se présentent, non seulement comme ne devant entraîner aucune aliénation, mais comme devant encore augmenter le patrimoine, peuvent se résoudre en définitive par une disposition de certains éléments du patrimoine.

L'acceptation d'une donation, par exemple subordonnée à certaines charges, obligera le donataire à certains déboursés. En poussant même les choses plus loin, il est de toute évidence que l'acceptation d'une donation pure et simple pourra obliger le donataire à subvenir aux besoins du donateur, et le cas échéant, à lui servir des aliments.

L'acceptation d'une succession n'oblige-t-elle pas l'héritier à en payer les dettes et les charges, à acquitter les droits de mutation (1)?

17. — Avec cette fausse notion d'administration opposée à la disposition on en arriverait à interdire à l'administrateur les actes qui semblent le plus compatibles avec sa fonction.

Le placement, par exemple, est généralement permis à l'administrateur, car il a pour effet de faire

(1) Cette décomposition des actes, comme nous le verrons plus loin, n'avait pas échappé à la finesse d'analyse des Romains.

fructifier le patrimoine, d'en augmenter la valeur, en rendant productif d'intérêts un capital jusque-là improductif.

Il n'en est pas moins vrai que le fait d'opérer le placement d'un capital mobilier, équivaut, au point de vue juridique pur, à l'aliénation de ce capital ; par suite de cette opération, un bien déterminé sort du patrimoine, et se trouve être remplacé par une valeur différente.

Économiquement, sans doute, le placement constitue le seul mode de fructification des capitaux, et à ce point de vue, on peut dire que, s'il y a eu aliénation, c'est une aliénation amenée par les nécessités les plus évidentes d'une sage gestion ; mais il n'en reste pas moins acquis, et c'est cette notion qu'il convient de bien mettre en lumière, que, juridiquement, le placement équivaut à une véritable aliénation.

A un autre point de vue encore, le placement peut être envisagé comme le préliminaire d'une aliénation. Supposons un administrateur diligent plaçant les capitaux disponibles dont il a la gestion en valeurs mobilières.

Il peut arriver que les avantages ou les garanties qu'offre ce placement, font que le nombre de ceux désireux d'acquérir ces valeurs augmentant, ces valeurs elles-mêmes augmentent de prix.

L'administrateur va-t-il rester impassible à ce

mouvement de hausse, lui sera-t-il interdit de réaliser le bénéfice que lui procurerait une aliénation faite à propos? ou bien, cette aliénation ne constituera-t-elle pas au contraire un acte de sage administration?

L'obligation, par exemple, constitue plus spécialement que l'action une valeur de placement, en ce sens que l'action, étant une véritable part d'associé, est susceptible de hausse et de baisse, et donne un dividende, dont le chiffre varie avec le bénéfice réalisé par la société qui a émis ces actions.

L'obligation,au contraire, a en principe un revenu fixe; mais il ne résulte nullement de là que sa valeur soit toujours la même; le jeu de l'offre et de la demande interviendra et fera que telle obligation sera cotée à la Bourse à un cours plus ou moins élevé.

Telle compagnie, par exemple, dont les affaires sont prospères, et qui répartit entre ses actionnaires des dividendes de plus en plus élevés, verra, en même temps, grâce à la sécurité qu'offre un tel placement, la multiplicité des demandes faire monter le cours des obligations qu'elle a émises.

« L'idée de hausse probable liée à celle d'un intérêt raisonnable, complète et constitue la notion toute moderne du bon placement; une association indissoluble semble unir et fondre en un seul tout ces deux éléments » (1).

(1) H. Lévy-Ullmann, *Traité des obligations à primes et à lots*, pp. 113 et s., § 93 et s.

Ce qu'il faut dire, c'est qu'il est d'un sage et prudent administrateur, d'envisager le moment où il lui faudra réaliser ces valeurs, qu'il doit donc se garantir à l'avance de la perte qu'occasionnerait au patrimoine du propriétaire une vente au-dessous du cours d'achat,et qu'il doit même, si cela est possible, réserver au propriétaire un bénéfice : la perspective d'une hausse probable, le prémunira contre cette perte, en même temps qu'elle l'assurera du bénéfice espéré.

18. — On voit que pour résoudre toutes ces hypothèses, le critérium posé par les auteurs et la distinction faite entre l'acte d'administration et l'acte de disposition ne trouvent pas leur application.

La vérité c'est que la vie juridique n'est qu'un échange perpétuel ; il sort une certaine valeur du patrimoine, il en entre une autre; voilà à quoi peuvent se ramener tous les actes juridiques. Sans doute, il y aura certains actes de disposition, ceux qui constituent, suivant l'expression de l'article 1988, des « actes de propriété », qui seront interdits à l'administrateur du patrimoine d'autrui ; sans doute aussi, certaines dispositions seront en dehors des pouvoirs d'administration de certains incapables.

Mais ce qu'il fallait dégager au seuil de cette étude, c'est, qu'en se plaçant sur le terrain juridique, il n'existe aucune incompatibilité entre la notion d'administration et celle de disposition, qu'elles sont, au contraire, intimement liées l'une à l'autre, et que sauf peut-être les actes purement conservatoires (1), il était juridiquement impossible de concevoir un acte, dans lequel ne se retrouvent à la fois et la notion d'administration et la notion de disposition.

SECTION II. — **Le champ de l'administration est-il le même que le champ de l'activité juridique du pupille romain ?**

19. — Le critérium tiré de la distinction entre l'acte d'administration et l'acte de disposition une fois écarté, allons-nous pouvoir rééditer à notre usage la théorie du droit romain, sur le mineur, qui ancien-

(1) On entend par actes conservatoires, des actes tels que les réquisitions tendant soit à l'apposition et à la levée des scellés, soit à la confection d'un inventaire, l'interruption d'une prescription, l'inscription d'une hypothèque, ou le renouvellement d'une inscription qui est sur le point d'être périmée, les réparations d'entretien, les baux à très court terme, tous actes qui, ne modifiant en aucune façon la physionomie générale du patrimoine, n'impliquent aucune aliénation d'un élément de ce patrimoine. — Sans doute, en poussant les choses à l'extrême, la plupart de ces actes obligent celui qui les passe, à certains déboursés ; mais, on ne peut raisonnablement arguer de ceux-ci pour prétendre qu'il y ait disposition, au sens précis du mot ; ces actes, juridiquement, se conçoivent au contraire sans aucune disposition ; ils se suffisent à eux-mêmes, et ne s'accompagnent d'aucune aliénation ; ils sont, à ce titre, des actes véritablement conservatoires, et cela, non seulement dans leur but final, mais encore dans leurs moyens d'exécution.

nement *pubertati proximus*, et plus tard sorti de l'*infantia*, pouvait bien faire sa condition meilleure, mais ne pouvait pas la rendre pire? il avait une capacité suffisante pour acquérir un droit réel, un droit de créance, ou pour cesser d'être débiteur (1), mais non pour aliéner, s'obliger, ou cesser d'être créancier (2).

L'application de ces principes était facile lorsqu'il s'agissait d'actes simples, mais la difficulté apparaissait dès que l'on était en présence d'actes complexes, rendant à la fois meilleure et pire la condition du pupille, dans le cas d'un paiement par exemple. Avait-il reçu le paiement, sa condition était devenue meilleure, en ce qu'il acquérait la propriété de la chose payée; elle était devenue pire, en ce qu'il éteignait un droit de créance.

Le pupille faisait-il au contraire le paiement, en tant qu'éteignant sa dette, le paiement avait rendu sa condition meilleure, en tant qu'impliquant une aliénation, il avait rendu sa condition pire.

La même solution devait être appliquée dans tous les contrats synallagmatiques parfaits ou imparfaits; qu'il s'agît par exemple d'un contrat de vente, dans lequel le pupille a joué le rôle d'acheteur, il avait pu

(1) Gaius, II, § 3. L. 2, *De accept.*, XLVI, 4.
(2) Gaius, II, §§ 80 et 84.

se rendre acquéreur de la chose, mais il n'avait pas eu la capacité suffisante pour aliéner les deniers qui en constituaient le prix.

Le pupille avait-il au contraire joué le rôle de vendeur, la chose vendue n'était pas sortie de son patrimoine, mais il avait fait les deniers siens ; il était armé de l'action *venditi*, sans être soumis à l'action *empti*.

A la vérité, la rigueur de ces principes fut, dès l'époque classique, atténuée par d'autres règles.

Antonin le Pieux, consacrant une jurisprudence antérieure et voulant pallier dans une certaine mesure aux inconvénients qui résultaient de ce système, décida que toutes les fois que le pupille aurait traité *sine auctoritate tutoris*, il serait tenu jusqu'à concurrence du profit que l'acte lui aurait procuré (1).

20. — En résumé, donc, à Rome, en ce qui concerne le pupille en tutelle qui a agi seul, pour juger de la validité d'un acte passé par lui, et sauf à mettre ces principes d'accord avec cette règle d'équité que nul ne doit s'enrichir aux dépens d'autrui (2), ce que l'on examine, ce n'est pas le résultat final de l'acte, l'avantage plus ou moins grand qu'il procure, mais sa nature juridique intime.

(1) V. Girard, *Manuel élémentaire du droit romain.*
(2) L. 206, *De reg. jur.*, l. 17.

Peu importe qu'il ait été dicté par les besoins d'une sage administration, ou se soit présenté avec des avantages d'une évidence telle, qu'un administrateur soucieux des intérêts qui lui sont confiés, n'aurait pas hésité à l'accomplir.

21. — L'acte est considéré en soi, on le décompose dans ses divers éléments simples, on annule ce qui, au sens romain de ces mots, a rendu la condition du pupille pire, pour ne retenir que ce qui a rendu sa condition meilleure.

Faut-il appliquer ces principes à notre droit français et dire que l'administrateur pourra bien devenir créancier, acquérir un droit réel, cesser d'être débiteur, mais qu'il n'aura pas une capacité suffisante pour s'engager, cesser d'être créancier et aliéner ?

Le champ de l'administration sera-t-il le même que le champ de l'activité juridique du pupille ? Personne n'oserait le soutenir.

Ce système était spécial au pupille en tutelle, qui n'avait aucune capacité juridique, et pour lequel par conséquent la notion d'administration ne pouvait même pas se faire jour.

Jusque dans le dernier état du droit romain, même après l'introduction par le prêteur de la *restitutio in integrum*, le pupille trouva dans ce système une protection efficace contre tous les actes qu'il avait passés seul.

Mais outre que rien n'indique que dans notre droit ces principes aient été repris (nous verrons, en effet, que c'est contre une tendance toute différente que les rédacteurs du Code eurent à réagir), qui ne voit que ce système, s'il était généralisé, excellent peut-être au point de vue juridique, serait d'une conception économique détestable, puisqu'aucune obligation, dans aucun contrat synallagmatique ne pourrait naître à la charge de l'administrateur (1)?

SECTION III. — L'acte d'administration est-il l'acte avantageux ? De la restitutio in integrum.

22. — Puisque l'acte d'administration n'est pas celui dont l'effet est de faire acquérir à l'administrateur un droit réel ou un droit de créance, ou celui qui doit le libérer d'une dette, l'acte d'administration sera-t-il l'acte *avantageux* ?

Soit un patrimoine ; celui-ci peut être envisagé comme une masse de biens meubles et immeubles, droits mobiliers et immobiliers, dont le tout a une valeur déterminée. Chaque acte juridique, nous l'avons dit, a pour effet de remplacer un élément de patrimoine, par un autre ; l'acte d'administration

(1) Inst. 1, 21, *De auct. aut. pr.* : « Unde in his causis ex quibus obligationes mutuae nascuntur, ut, in emptionibus, venditionibus, locationibus, conductionibus, mandatis depositis, si tutoris auctoritas non interveniat, ipsi quidem, qui cum his contrahunt obligantur ; at invicem pupilli non obligantur. »

serait celui qui aurait pour conséquence d'y faire entrer une valeur supérieure ou au moins égale, en qualité ou en quantité, à celle qui en est sortie.

Sans avoir à considérer l'acte en soi, dans sa nature juridique intime, indépendamment du résultat de fait qu'il aura produit, c'est à ce résultat même qu'il faudrait s'attacher ; il faudrait attendre que l'acte soit accompli, et le but cherché réalisé ; une fois l'opération conclue, on rechercherait si l'ensemble du patrimoine a eu à souffrir de la transaction intervenue, et on considérerait l'influence plus ou moins heureuse qu'elle aura exercée sur lui.

Y a-t-il eu inégalité entre les contre-prestations, le patrimoine a-t-il subi une perte, l'administrateur a-t-il éprouvé un préjudice, une lésion, l'acte passé ne constituera pas un acte d'administration ; dans tout autre cas, il le sera.

23. — Nous trouvons la première trace de système dans l'institution romaine de la *restitutio in integrum* ; le principe en fut repris plus tard par les auteurs de notre ancien droit qui lui conservèrent, à peu de chose près, la même sphère d'application ; mais les rédacteurs du Code civil, après une longue discussion qui porta sur la légitimité de la rescision pour cause de lésion, et les inconvénients qui en résultaient, surent en restreindre les applications, en

la ramenant à de plus sages limites. Nous voyons en effet, qu'à Rome, les mineurs de vingt-cinq ans eurent,au début du droit, une entière capacité, mais on comprit bientôt qu'il fallait les protéger contre les entraînements et l'inexpérience résultant de leur âge.

Ce premier progrès fut accompli par la loi Plœtoria, qui créa une poursuite publique contre celui qui aurait abusé de l'inexpérience de l'incapable ; le second chef de la loi lui donnait en outre un moyen civil, dans le cas où il aurait été trompé, enfin la loi donna au mineur de vingt-cinq ans la faculté de se faire nommer un curateur.

Mais ce n'était pas encore suffisant, puisqu'en l'absence de dol de la part du tiers qui avait traité avec l'incapable, celui-ci se voyait valablement opposer les actes qu'il avait passés, alors même qu'ils étaient pour lui une source de lésion. Le prêteur vint alors au secours du mineur de vingt-cinq ans qui « n'a pas été trompé, mais qui s'est trompé, en lui permettant d'obtenir la restitution contre les actes par lesquels il avait été lésé » (1).

Justinien enfin rendit la curatelle permanente et obligatoire ; désormais ce n'est plus le mineur de vingt-cinq ans qui agit avec l'assistance de son

(1) Girard, *loc. cit.*, p. 220.

curateur ; le curateur, comme le tuteur, est devenu un administrateur général, placé à la tête du patrimoine de l'incapable (1).

La restitution fut alors étendue aux actes, soit passés par le mineur de vingt-cinq ans seul, soit à ceux passés par le curateur. Enfin, elle fut appliquée aux actes passés par le tuteur au nom du pupille.

24. — Notre ancienne jurisprudence française avait, nous l'avons dit, recueilli et conservé ces traditions (2).

Mais déjà au temps de Pothier, les plaintes s'étaient élevées contre ce système de protection à outrance, et la puissance des mœurs avait introduit une exception à cette règle jusqu'alors générale.

« Les mineurs ne sont pas restitués pour cause de lésion contre les actes que leurs tuteurs ont faits avant leur émancipation, lorsque ces actes sont des actes de pure administration nécessaire, par exemple, contre des baux faits de leurs héritages pour le temps qu'on a coutume de faire des baux, contre la vente ou l'achat de choses mobilières. La raison en est tirée de l'intérêt même des mineurs, parce qu'au-

(1) Ulpien, D. 4, 4. *De min.*, 1, 3.

(2) Domat, livre II, titre VI, section 2, 19 : « Encore que le mineur ait été autorisé de son tuteur dans l'acte dont il demande d'être relevé, la restitution ne laissera pas d'avoir son effet. Et il en serait de même de ce que le tuteur aurait fait en cette qualité, sans que le mineur y ait été présent. »

trement, ils ne trouveraient que difficilement des personnes qui voulussent contracter avec eux, ce qui leur causerait un plus grand préjudice que ne leur serait avantageux le bénéfice de restitution, s'il leur était accordé contre de pareils actes » (1).

Déjà donc à cette époque on avait compris que rien n'était plus contraire à l'intérêt même de l'incapable que de rescinder sans distinction tous les actes intéressant son patrimoine, pour peu qu'ils lui causent une lésion.

Car avec ce système, les tiers s'éloignent, l'incapable ne trouve plus personne avec qui traiter, et celui-là même qu'on a voulu protéger outre mesure est la première victime de cette protection. Ce serait, en outre, jeter, au détriment de l'intérêt général, une grande cause d'incertitude et de trouble dans les affaires.

Les rédacteurs du Code comprirent la nécessité qu'il y avait à maintenir certains actes, régulièrement passés par le tuteur au nom du pupille, et le champ d'application de la lésion se trouva singulièrement restreint.

25. — Les travaux préparatoires du Code (2) démontrent que le principe même de la rescision pour

(1) Pothier, *Procédure civile*, part. V, ch. IV, art. 11, § 1.
(2) Fenet, t. XIII, p. 91.

cause de lésion fut violemment attaqué comme étant contraire à l'intérêt général. En cas de vente d'un fonds par exemple, pendant tout le temps que l'action en rescision sera suspendue sur la tête de l'acheteur, celui-ci n'osera améliorer le fonds acquis et cet état de choses est funeste à l'ordre social ; il est de plus nuisible au crédit, « car par l'effet d'une expertise juste ou injuste, mais toujours arbitraire dans son application, l'acheteur pouvait perdre son acquit, et les créanciers leurs gages » (1).

Mais des principes d'humanité finirent par faire prévaloir le principe de la rescision pour cause de lésion : elle fut admise en ce qui concerne les majeurs, dans les cas déterminés ; quant aux mineurs, ou non, les actes régulièrement passés par leur tuteur, ou leur curateur, avec les formalités requises, s'il y en a, se trouvèrent à l'abri de cette voie de recours ; l'action en rescision pour cause de lésion ne s'étendit plus qu'*aux actes passés par le mineur seul, alors qu'ils auraient dû être passés par le tuteur sans formalité, et à ceux passés par le mineur émancipé seul, alors que l'assistance de son curateur était nécessaire et suffisante.*

Le droit romain et notre ancien droit français avaient méconnu les règles d'une bonne et sage lé-

(1) Fenet, *loc. cit.* Cf. *Travaux préparatoires*, sur le titre X, Min., Tu. Emancip. V. aussi Joubert, Rapport fait au Tribunat sur les articles 1505 et s.

gislation ; les rédacteurs du Code, poussés par des considérations économiques, tirées de la notion du crédit et de la nécessité de la sécurité dans les transactions, s'efforcèrent de ne pas donner prise aux mêmes attaques.

Le système faisant de l'acte permis à l'administrateur, celui qui, dans son résultat final, présente un caractère d'avantage évident, serait donc anti-économique.

Sauf dans de rares exceptions, où il a semblé que l'on pouvait, sans sacrifier injustement les droits des tiers, rescinder l'acte lésif pour un mineur, l'acte que celui-ci passera valablement seul, ne sera pas l'acte avantageux : ce système ne peut d'ailleurs s'étendre aux autres hypothèses où se rencontre un individu ayant un pouvoir d'administration, puisque l'action en rescision (sauf pour les majeurs dans des cas spécialement déterminés par la loi), est réservée aux seuls mineurs.

SECTION IV. — **L'acte d'administration est-il l'acte utile, l'acte opportun ?**

26. — L'acte d'administration, s'il n'est pas l'acte avantageux, sera-t-il au moins l'*acte utile*, l'*acte opportun*, celui qu'un individu raisonnable, soucieux des intérêts qui lui sont confiés, n'aurait pas manqué d'accomplir, celui qui est en rapport avec la fortune

et les ressources de celui dont un tiers administre les biens, ou de l'incapable qui administre lui-même son patrimoine?

Il serait celui qui ne compromet pas gravement le patrimoine, celui qui se présente avec un caractère d'utilité et d'urgence évident.

On n'a plus à se placer devant l'acte, au moment où il vient d'être passé, mais au contraire, au moment où il va s'accomplir; on pèse les nécessités qui le commandent, les caractères avantageux avec lesquels il se présente; on s'attache, non pas à son résultat final, mais à son objet, à son fondement rationnel.

Dans ce système, la question de l'acte d'administration deviendra, le plus souvent, une question de fait à résoudre par les tribunaux; l'acte d'administration sera celui, qui, vu les circonstances de la cause, et les ressources du patrimoine, a été inspiré par les besoins d'une sage gestion; il sera celui qu'il était, pour une raison ou pour une autre, opportun d'accomplir; il sera, en un mot, l'acte de l'administration du bon père de famille.

27. — Telle est, semble-t-il, l'idée qui inspira Pothier dans la détermination des pouvoirs qu'il accorde au mandataire général; il est facile de se rendre compte, qu'en cette matière, l'application qu'il fait de ce principe, est à peu près constante.

C'est ainsi qu'il n'hésite pas à permettre à l'administrateur général du patrimoine d'autrui de passer des baux d'une durée de plus de neuf années, au cas, par exemple, « où l'objet du bail serait un terrain inculte qu'on donnerait à bail à rente, pour être défriché et planté en vignes, le temps de neuf ans n'étant pas, en ce cas, suffisant pour dédommager le preneur des avances qu'il est obligé de faire dans les premières années, sans en retirer de fruits ».

C'est ainsi encore que Pothier permet au procureur *omnium bonorum* de contraindre les débiteurs au paiement, en faisant des saisies, en vertu des titres exécutoires qu'il a entre les mains. Il ajoute « quoique la saisie réelle des immeubles des débiteurs paraisse aussi appartenir à l'administrateur, néanmoins comme les saisies réelles engagent aujourd'hui dans des frais si immenses qu'il est souvent plus avantageux à un créancier de laisser perdre la créance que d'en venir à une saisie réelle, je pense que l'on ne doit pas laisser à la discrétion d'un procureur *omnium bonorum* d'engager le mandant dans les frais d'une saisie réelle ».

C'est encore ce même caractère d'opportunité qui guide Pothier lorsqu'il décide que « même à l'égard des actions qui n'ont d'autre objet que de faire payer un débiteur, lorsqu'elles peuvent donner lieu à de gros frais, le procureur *omnium bonorum* ne doit pas les intenter sous le nom du mandant, sans l'avoir consulté, et sans avoir reçu de lui pour cela un pouvoir spécial ».

Mêmes solutions et mêmes principes en ce qui concerne le pouvoir du mandataire de déférer le serment décisoire au débiteur, ce qu'il ne peut faire « qu'au cas où les règles d'une bonne administration demandent que l'on ait recours à cette dernière ressource, c'est-à-dire lorsqu'il n'y a pas d'espérance d'avoir des preuves ».

Question de fait, la validité de la transaction effectuée par le mandataire général, puisque le pouvoir de transiger doit être présumé compris dans la procuration, « lorsque le mandant est parti pour des pays éloignés, où son procureur n'est pas à portée de pouvoir le consulter sur les affaires extraordinaires qui peuvent lui survenir ».

Question de fait aussi, la validité du désistement ou de l'acquiescement opérés par l'administrateur général : « Le procureur qui n'est pas à portée de consulter le mandant n'excède pas son pouvoir, non seulement en transigeant, mais même, lorsque les pièces de la partie inverse sont entièrement décisives, en se désistant purement et simplement de la demande donnée contre cette partie par le mandant, ou en acquiesçant à celle qu'il avait donnée. »

Question de fait, enfin, la validité de l'hypothèque,

de l'emprunt, du nantissement, consentis par le procureur *omnium bonorum* (1).

On voit par ces nombreux exemples, que, pour Pothier, l'acte que le mandataire général accomplit valablement, dans les limites de son droit d'administration, est l'acte utile, opportun, l'acte du bon père de famille.

28. — Nous croyons que ce système trouve encore chez nous, dans une mesure que nous aurons bientôt à déterminer, une application, en ce qui concerne les incapables réduits au rôle d'administrateurs sur leur propre patrimoine ; mais on ne peut l'étendre aux autres hypothèses, où se fait jour la notion d'administration, sans se heurter aux textes mêmes de la loi.

Dans bien des cas, qu'un acte soit avantageux ou désavantageux, opportun ou inopportun, s'il réunit aux yeux de la loi les éléments qui doivent faire de lui un acte d'administration, il sera considéré comme tel, indépendamment de toute circonstance de fait et de toute considération accessoire. Il peut, il est vrai, arriver qu'un acte soit imposé à celui dont l'affaire a été bien gérée (art. 1375), en raison même de l'utilité qu'il y avait à l'accomplir, et sans que l'on ait à se préoccuper de sa nature juridique ; mais

(1) Pothier, *Du mandant*, nos 147 et s.

l'article 1375 ne vise que l'hypothèse de la gestion d'affaires, qui ne peut, croyons-nous, se présenter qu'en dehors du cas où il est intervenu un mandat ; l'article 1998, en effet, est formel ; il porte que le mandant n'est tenu de ce qui a pu être fait par le mandataire au delà du pouvoir qui lui a été donné, qu'autant qu'il l'a ratifié expressément ou tacitement; il existe donc une limite fixe, établie une fois pour toutes, au droit d'administration du mandataire. L'utilité seule de l'acte, son opportunité ne suffiront pas à faire d'un acte un acte d'administration ; car là où il y a ratification, il ne peut plus être question d'administration. « Qu'un acte d'administration soit bon ou mauvais, utile ou inutile, il n'en reste pas moins un acte d'administration ; il y a des administrations heureuses et des administrations malheureuses.

En vérité le propriétaire serait mal venu à prétendre ne garder pour lui que les bonnes chances et laisser à la charge des tiers toutes les mauvaises (1). »

Nous en concluons que le système de Pothier ne peut pas être généralisé, sans que l'on se heurte aux textes mêmes de la loi.

(1) Penet, *Des administrateurs et des actes d'administration*, p. 164.

THÉORIE GÉNÉRALE

NÉCESSITÉ D'UNE DIVISION TRIPARTITE

(Nos 29 à 34).

29. — Tels sont quelques-uns des principaux systèmes auxquels, tant en doctrine qu'en législation, on semble ramener la notion de l'acte d'administration.

Nous avons examiné les raisons qui nous ont conduit à écarter le critérium qui fait de l'acte d'administration celui qui n'est pas un acte de disposition.

Puis, nous avons abandonné le système romain, suivant lequel (avant l'introduction par le prêteur de la *restitutio in integrum*) le pupille en tutelle pouvait bien faire sa condition meilleure, mais ne pouvait la rendre pire, en prenant pour base de cette distinction l'acte considéré, non dans son résultat final, mais dans sa nature juridique intime.

Nous avons vu ensuite que l'acte d'administration n'était pas d'une façon générale, au moins, l'acte avantageux, l'acte non lésif; qu'il n'était pas non plus l'acte utile et opportun.

Nous avons essayé de démontrer qu'aucun de ces systèmes n'était rigoureusement exact, en ce que le premier, par exemple, en ne donnant pas aux mots leur véritable sens, méconnaissait par là, la nature même des choses ; en ce que le second et le troisième étaient d'une application impossible à une époque où la notion du crédit joue dans la vie économique un rôle aussi considérable (un système de protection exagérée irait précisément à l'encontre de l'intérêt de ceux, dont le législateur s'est montré soucieux de sauvegarder les droits) ; en ce que le dernier enfin ne pouvait être étendu à tous les genres d'administration, sans se heurter aux textes formels de la loi.

30. — Tous ces systèmes renferment une part de vérité, mais ils deviennent défectueux, si l'on veut leur attribuer une portée trop absolue : peut-être la confusion vient-elle de ce qu'au début de toute étude sur la matière, on n'a pas fait avec assez de force la distinction capitale entre *ceux qui administrent la fortune d'autrui, et ceux qui voient leurs droits sur leur propre patrimoine*, *réduits à de simples droits d'administration* ; aux premiers, et encore, à certains d'entre eux seuls, semble-t-il, convient exactement le titre d'administrateurs : les restrictions imposées par la loi aux droits de l'administrateur, la sanction qu'elle attache aux actes passés par lui en dehors de ses pouvoirs, les conséquences de l'acte, sa portée,

sa nature, tout enfin diffère suivant qu'il s'agira de l'un ou de l'autre de ces deux administrateurs ; la loi il est vrai emploie le même mot, mais nous croyons qu'il ne désigne pas partout la même chose.

31. — L'administration d'une façon générale établit un rapport de droit entre deux individus ; elle réunit deux personnes jusque-là étrangères, liées l'une à l'autre par une obligation légale ou conventionnelle ; la personne à qui la loi ou la convention aura conféré le droit d'administrer le patrimoine d'autrui verra, cela est certain, une limite imposée à son droit ; n'étant pas propriétaire, ne gérant en quelque sorte que par intérim, en dehors du cas d'une procuration dont les termes mêmes l'investiront de la capacité d'accomplir tel ou tel acte, il est clair qu'il y a certains d'entre eux, dont l'opportunité sera laissée à la libre appréciation du seul propriétaire, comme engageant trop avant sa responsabilité, ou comme revêtant un caractère trop personnel ; le droit de propriété est sacré ; nul n'a le droit d'en priver celui qui en est titulaire ; mais la loi, mue par les considérations que nous savons, peut nommer au patrimoine d'autrui, un administrateur ; un individu peut mettre lui-même, de son plein gré, un tiers à la tête de ses affaires ; lorsqu'il y aura doute sur la nature des pouvoirs de cet administrateur, incertitude sur sa qualité, quel sera l'acte qui rentrera dans

l'attribut de ses fonctions, et qu'il accomplira dans la plénitude de ses droits? Quels en seront la nature exacte et le caractère juridique propre?

Telle est une des faces de notre question.

32. — Que, si, maintenant, nous jetons les yeux sur la situation des individus administrateurs de leur propre patrimoine, il n'est plus et ne peut plus être question de cette dualité de droits, du droit du propriétaire restreint et comprimé par celui de l'administrateur; ce n'est plus ici une question de mesure qui est en jeu; dans notre hypothèse, on aperçoit un individu auquel la loi manifeste une certaine méfiance; cette méfiance ne va pas cependant jusqu'à faire mettre ses biens sous séquestre et en confier la direction à un tiers, mais elle est suffisante pour ne pas lui laisser le plein exercice de tous ses droits; cet individu n'est mandataire de personne; son droit devrait être entier: il est réduit dans son intérêt, parce que le législateur est bien obligé de poser certaines présomptions, et qu'il considère que ce serait aller contre son intérêt que de lui laisser une capacité trop grande.

Que si, d'aventure, les faits lui donnent tort, que l'incapable ait agi comme tout homme de raison aurait agi à sa place, pourquoi la loi ne pourrait-elle pas, sous certaines conditions, valider l'acte accompli même en dehors des pouvoirs de cet incapable, tels qu'ils sont formulés dans la loi ?

Si, au contraire, un acte a été accompli, par le mineur émancipé, par exemple, et qu'il soit de ceux que la loi, dans un texte formel, semble laisser à sa compétence, la loi vient encore au secours de cet incapable ; il suffira que cet acte soit entaché d'excès, pour que le législateur en opère la *réduction*, et le ramène aux limites d'une sage gestion.

Nous voyons donc ici la notion d'administration, allant et venant, se dérobant quand on croit être dans les termes mêmes de la loi, surgissant au contraire d'une façon imprévue, pour peu que l'acte passé par l'incapable ne soit pas pour lui une cause de lésion ; l'acte d'administration sera, le plus souvent, une question de fait ; il n'y aura pas, semble-t-il, place pour une question de principes.

Mais l'administration, au vrai sens du mot, nous le répétons, ce n'est pas cette limite incertaine et changeante ; la véritable notion d'administration implique avant tout une relation de personne à personne ; l'étude sur l'acte d'administration consistera dans la recherche de l'accord et de cette sorte d'équilibre que devront respectivement observer les droits du propriétaire et de l'administrateur.

Il faudra examiner jusqu'à quel point ces deux

droits s'excluent et se repoussent, et dans quelle mesure, au contraire, ils se combinent et s'associent ; l'acte qui surgira de ces deux droits opposés l'un à l'autre, celui qui, sans en contrarier aucun, saura maintenir une juste proportion entre eux, celui qui, tout en sauvegardant le droit du propriétaire, épuisera celui de l'administrateur, sera à proprement parler, *l'acte d'administration*.

33. — Mais pour que ces principes puissent avoir leur application, il ne suffit pas que l'on se trouve en face d'un administrateur du patrimoine d'autrui ; il est de toute nécessité que le propriétaire ne soit ni dans un état d'incapacité naturelle, ni dans l'impossibilité matérielle d'affirmer son droit et de maintenir ses prérogatives de propriétaire ; l'acte d'administration, en soi, n'étant que la résultante des droits du propriétaire et de l'administrateur, le rapport sera rompu, là où un de ces deux termes fera défaut, et l'administration, intervenant dans ces circonstances, revêtira nécessairement des caractères différents.

34. — Et ici nous apparaît alors la nécessité d'une grande division tripartite d'administrateurs.

Dans la première classe, nous comprendrons ceux qui, pour une raison ou pour une autre, sont réduits au rôle d'administrateurs sur leur propre patrimoine; dans la seconde, les administrateurs de la fortune d'autrui, qui trouvent au-dessus d'eux le droit du propriétaire agissant et voulant, dont le respect aura pour conséquence de ne leur faire accomplir valablement que des actes d'administration, au sens précis et formel du mot.

Enfin, dans la dernière, nous comprendrons aussi les administrateurs du patrimoine d'autrui, mais ceux seulement qui, par la force même des choses, vu l'impossibilité où se trouve de se manifester le droit du propriétaire et l'absence de toute autorité instituée d'une façon permanente, chargée d'y suppléer, doivent en principe avoir les mêmes droits que le propriétaire lui-même.

CHAPITRE PREMIER

DES ADMINISTRATEURS DE LEUR PROPRE PATRIMOINE.

35. — Il convient de commencer notre étude par la recherche des éléments constitutifs de l'acte d'administration pour un individu administrant son propre patrimoine, et de passer en revue les hypothèses principales où se fait jour cette notion d'administration, *le cas du mineur émancipé, de l'individu pourvu d'un conseil judiciaire, celui de la femme séparée de biens, celui enfin de l'héritier bénéficiaire.*

Sans nous attarder à l'étude des pouvoirs qui sont conférés à ces incapables et des actes qu'ils accomplissent valablement dans les limites de leurs droits, nous rechercherons, si, indépendamment des différences de situations qui nous sont révélées par les textes eux-mêmes, et malgré les divergences très réelles qui résultent de leur examen, il n'est pas possible de dégager de ces textes une idée générale, de les ramener tous à un même principe dirigeant, auquel les interprétations doctrinales viendront donner comme une force nouvelle, et autour duquel se grouperont les différentes solutions pratiques que la jurisprudence a été appelé à consacrer ; ce principe, s'il existe, nous aidera en outre à résoudre les difficultés qui pourront se présenter dans l'avenir, à poser en un mot un critérium certain, en ce qui touche les incapables, de ce qui doit constituer pour eux l'acte d'administration.

SECTION I. — Du mineur émancipé.

36. — En ce qui concerne le mineur émancipé, la loi s'exprime ainsi : « Le mineur émancipé passera les baux dont la durée n'excèdera point neuf ans ; il recevra ses revenus, en donnera décharge, et fera tous les actes qui ne sont que de *pure administration*. Cependant, ajoute la loi, « à l'égard des obligations qu'il aurait contractées par voie d'achats ou autrement, elles seront *réductibles* en cas d'excès ; les tribunaux prendront à ce sujet en considération la fortune du mineur, la bonne ou mauvaise foi des personnes qui auront contracté avec lui, l'utilité ou l'inutilité des dépenses » (art. 484).

Et plus loin : « la simple *lésion* donne lieu à la rescision en faveur du mineur non émancipé contre toutes conventions et en faveur du mineur émancipé contre toutes conventions qui excèdent les bornes de sa capacité, ainsi qu'elle est déterminée au titre de la minorité, de la tutelle et de l'émancipation » (art. 1305). Tels sont les textes qui limitent la capacité du mineur émancipé.

La loi commence par lui conférer la pure administration de ses biens ; cette formule très restrictive paraît avoir un sens juridique précis ; elle se distingue nettement de l'administration accordée à la femme séparée de biens (art. 1449), par exemple, que la loi qualifie de libre, en ce que le mineur émancipé, à la différence de la femme, n'aura pas la disposition de ses capitaux ; *il peut bien toucher seul ses revenus, mais il n'a pas la capacité suffisante pour recevoir un capital mobilier, en donner décharge et en faire emploi.* C'est du moins ce qui ressort de la comparaison des articles 481 et 482. Cette différence est facile à justifier : « Il s'agit en effet ici d'une incapacité naturelle qui tend à disparaître, et l'on se défie encore de tout acte qui exigerait une appréciation difficile et pourrait entraîner quelque grave conséquence ; dans l'hypothèse de la femme séparée, au contraire, il est question d'une incapacité artificielle, qui comprimait le droit absolu du propriétaire, et dont les liens se desserrent et le joug s'éloigne. On ne craint plus dès lors de comprendre dans l'administration certains actes dont l'opportunité peut dépendre d'une question de convenances personnelles ; cette question en effet est laissée à l'appréciation de la personne même qu'elle intéresse, le propriétaire, dont la volonté est pleinement capable naturellement et soumise seulement à certaines déférences lointaines à l'égard d'une autorité dont la surveillance ne s'exerce plus que de très haut et à distance » (1).

L'acte de pure administration, ce doit donc être, semble-t-il, dans l'esprit du législateur, celui qui portera sur le revenu. L'acte affectant cet élément stable du patrimoine, que l'on appelle *capital*, alors même que son caractère de nécessité n'aurait pas permis au mineur émancipé de s'y soustraire (la réception d'un capital, par exemple), dépassera toujours la sphère d'application de la pure administration du mineur émancipé ; et sans vouloir procéder à l'énumération des actes que le mineur émancipé peut faire seul, nous voyons, à titre d'exemple, la loi lui permettre de donner des immeubles à bail pour une durée qui n'excède pas neuf ans (art. 481) ; c'est qu'en donnant un immeuble à bail, on n'aliène pas le capital lui-même, mais seulement ce qui constitue le revenu, c'est-à-dire la jouissance ; loin d'affecter le capital d'une façon grave et compromettante, cet acte en est au contraire le mode de gestion régulier et normal. A l'inverse le mineur émancipé n'aura pas une capacité suffisante pour recevoir le montant des loyers par anticipation ; car les revenus ne sont tels qu'à compter de l'échéance (2).

(1) Saleilles, *De l'aliénation des valeurs mobilières par les administrateurs du patrimoine d'autrui*, § 112.

(2) Poitiers, 5 mars 1823 ; S. et P. chr., D. A. 12-780. *Sic* : Car-

Il pourra également passer tous les actes conservatoires, prendre des inscriptions, former opposition, interrompre des prescriptions, tous actes qui, s'ils nécessitent un mouvement de fonds, n'affectent jamais que le revenu (1).

La pure administration du mineur émancipé comprendra aussi, dans certains cas, la vente du mobilier ; pas de doute en ce qui concerne la vente des meubles, qui, tels que les récoltes, les fruits, se consomment par le premier usage, et présentent dès lors le caractère certain de revenu ; en ce qui touche les meubles qui dépérissent par l'usage, nulle difficulté ne peut s'élever ; le capital étant avant tout ce qui produit, ce qui est susceptible de plus-value, le mineur émancipé puisera certainement dans son droit d'administration, le droit de procéder à la vente des meubles auxquels le temps vient enlever une partie de leur valeur. Ces meubles comptent d'ailleurs dans le patrimoine « moins pour le capital qu'ils représen-

don, n° 566 ; Troplong, *Louage*, n° 146 ; Laurent, t. V, n° 215 ; Demolombe, t. VIII, n° 273; Aubry et Rau, t. I, p. 547, § 132, note I.

(1) Nous pensons que le mineur émancipé doit pouvoir plaider, transiger, compromettre sur toutes les contestations relatives au revenu.

En ce sens : Léon Michel, *De l'aliénation des meubles par les incapables et les administrateurs*, p. 277, § 144 ; Aubry et Rau, t. I, p. 450, § 132. — *Contrà* : Laurent, t. VI, n° 235.

tent que pour les avantages qu'en procure la jouissance » (1).

Mais la controverse naît quand il s'agit de meubles corporels n'ayant pas ce caractère ; on a argumenté du silence de l'article 484 à cet égard, pour prétendre que le Code, fidèle à ce principe, *res mobilis*, *res vilis*, ayant omis de réglementer la vente des meubles appartenant au mineur émancipé, pleine et entière liberté devait lui être laissée en ce qui les concerne (2).

Si c'était vraiment là le principe du Code, puisque celui-ci ne fait aucune distinction entre le mobilier corporel et incorporel, il aurait fallu admettre en poussant le raisonnement jusqu'au bout que le mineur émancipé avait une capacité suffisante pour aliéner seul, et d'une façon générale, ses meubles incorporels.

Or, avant la loi du 27 février 1880, telle n'était pas la solution adoptée ; le consentement du curateur était requis pour que le mineur émancipé pût valablement procéder à cette aliénation (3) ; la loi de 1880, il est vrai, décida que l'aliénation des meubles incorporels ne serait plus valable avec la seule assis-

(1) Léon Michel, *loc. cit.*, p. 276, § 141.

(2) Aubry et Rau, t. I, p. 132, n° 3 ; Marcadé, sur l'article 481, n° 2. Du Caurroy, Bonnier, Roustain, t. I, n° 691 ; Valette, *Explic. sommaire*, p. 315 ; Laurent, t. V, n° 219.

(3) Cass., 13 janvier 1840, S. 40.1.449 ; D. 40.1.92. *Sic* : Aubry et Rau, t. I, p. 553, § 133.

tance du curateur que lorsqu'il s'agirait d'un mineur émancipé, soit par le fait du mariage, soit par la volonté de son père ou de sa mère ; quant au mineur émancipé, en cours de tutelle, par le conseil de famille, il ne pourrait aliéner ses meubles incorporels qu'en observant les formalités imposées au mineur non émancipé (1).

Mais outre cette nouvelle disposition de la loi qui n'est applicable qu'aux meubles incorporels et qui ne concerne qu'une certaine catégorie de mineurs émancipés, nous pensons qu'une seule et même solution doit être admise en ce qui concerne les meubles corporels et les meubles incorporels : l'aliénation des meubles précieux, ceux qui ont une valeur intrinsèque et qui, surtout, sont susceptibles de plus-value, nous paraît dépasser la limite de la pure administration du mineur émancipé (2).

La jurisprudence a adopté sur ce point un système mixte. Un arrêt de la Cour de Paris (3) décide en effet que la vente du mobilier constitue pour cet incapable un acte d'administration ; mais qu'il faut avoir égard à l'importance et à la valeur du mobilier. L'acte de pure administration, devient donc ici une

(1) Buchère, *Commentaire de la loi du 27 février* 1880, nos 112 et s.

(2) Léon Michel, *loco cit.*, p. 376, § 144 ; Troplong, *De la vente*, t. I, n° 165.

(3) Paris, 18 décembre 1878, sous Cass., 7 juillet 1879, S. 80. 1.207 ; D. 80.1.61.

question de fait que les tribunaux tranchent, dans leur souveraineté absolue, d'après le degré de gravité de l'acte.

Une controverse semblable s'élève à propos de l'exercice des actions mobilières ; il semble résulter *a contrario* de l'article 482, que le mineur émancipé peut intenter seul toutes les actions mobilières ; l'exercice d'une action mobilière est d'ailleurs, dans un certain sens, une mesure conservatoire, un acte de sage et utile entretien (1).

Mais, dans une autre opinion, au contraire, on décide que le mineur émancipé a besoin d'assistance pour engager toute action portant sur ses capitaux, même mobiliers, qu'il ne peut notamment, sans l'assistance d'un curateur régulièrement nommé, faire au débiteur d'un capital mobilier, commandement de payer (2).

Nous pensons que le droit de pure administration du mineur émancipé va jusqu'à lui permettre d'intenter seul toutes les actions mobilières ou d'y défendre, mais que, s'il s'agit d'un capital, il ne pourra le toucher du débiteur qu'avec l'assistance de son curateur (3).

(1) En ce sens : Douai, 26 avril 1865, S. 66.2.174, *Sic* : Taulier, t. II, p. 91 ; Valette, *Expl. sommaire*, p. 317 ; Demante, t. II, n° 251 *bis* : Laurent, t. II, n° 220.

(2) Douai, 22 décembre 1863, S. 65.2.13 ; Duranton, t. III, n° 669 ; Delvincourt, t. I, p. 471, note 5 ; Aubry et Rau, t. I, § 132, p. 553, § 133 ; Demolombe, t. VIII, n° 284.

(3) Beudant, *Cours de droit civil français*, t. II, p. 545, § 915.

Enfin le mineur émancipé, en dehors des actes portant exclusivement sur le revenu ou sur ce qui peut lui être assimilé, pourra contracter des obligations ; en dehors de l'emprunt et de l'aliénation des immeubles, il a capacité pour *s'obliger* ; mais ces engagements, ajoute l'article 434, sont réductibles en cas d'excès (1).

37. — Tels sont, très rapidement esquissés, les différents points auxquels semble se ramener la pure administration du mineur émancipé ; mais l'intérêt de notre étude n'est pas dans l'examen successif des actes qu'il peut valablement passer seul ; il consiste dans la recherche des éléments dont la réunion doit, aux yeux de la loi, nécessairement constituer pour lui l'acte d'administration, celui qui vaudra *jure civili*, et qui sera à l'abri de toute voie de recours, de toute action en nullité.

A ce point de vue, et c'est là tout l'intérêt de notre étude, il semble bien qu'il n'y ait pas une concordance absolue entre l'acte de pure administration d'une part, défini ainsi que nous l'avons fait, c'est-à-dire, portant sur le revenu, et de l'autre, l'acte que le mineur émancipé peut valablement accomplir seul.

(1) Cass., 21 août 1882, S. 83.1.113 ; P. 83.1.203. Note de M. Lyon-Caen.

Il semble que le législateur du Code, qu'il s'en soit rendu compte ou non, après avoir tenté d'enfermer le mineur émancipé dans les limites étroites d'une administration précise, ait laissé dans l'élaboration de son système, des lacunes, des fissures, par où s'échappent sans peine les interprétations doctrinales, qui finissent par faire échec à peu près complètement aux principes édictés par le Code.

Ces interprétations trouvent leur justification dans le désaccord qui existe entre les règles posées, semble-t-il, d'une façon immuable, et les restrictions qui y sont apportées immédiatement après.

Un système incomplètement élaboré par le Code, un défaut d'harmonie entre des principes mal agencés les uns avec les autres et qui souvent se contrarient, le manque, en un mot, d'une vue d'ensemble, ont permis la construction d'un système qui, sans heurter de front aucuns textes de la loi, ne va pas cependant jusqu'à les suivre servilement dans leurs errements et leurs hésitations.

Dans cet ordre d'idées, et en nous plaçant à ce point de vue, nous voyons, en effet, la loi conférer d'abord au mineur émancipé la pure administration de ses biens (nous connaissons la signification de ces mots) ; puis, après avoir formulé ce principe, la loi elle-même semble nous dire que, même contractés dans cette limite, les engagements du mineur émancipé vont pouvoir être réduits, s'ils sont excessifs (art. 484), que s'il a, au contraire, agi en dehors des limites de sa capacité, ses actes et ses engagements seront valables, à la condition qu'ils ne lui procurent aucune lésion (art. 1305).

Qu'est-ce à dire, sinon que l'acte valablement passé par cet incapable sera tantôt dans le cas de l'article 484, *l'acte raisonnable*, *opportun*, tantôt dans celui de l'article 1305, *l'acte avantageux*?

38. — On est bien forcé de reconnaître que la loi a conservé, pour toute une catégorie d'actes, ceux que le mineur émancipé aurait dû passer avec l'assistance de ssn curateur, et qu'il a passés seul, *la notion romaine de la restitutio in integrum* (recevoir son compte de tutelle, art. 430, intenter une action immobilière ou y défendre, art. 432, recevoir un capital mobilier, en donner décharge, en faire emploi, art. 482, intenter une action en partage ou y défendre, art. 480, accepter une donation ou un legs à titre particulier, art. 935, et pour le mineur qui a été expressément émancipé pendant le mariage de ses père et mère, ou tacitement par son mariage, l'aliénation des meubles incorporels, art. 4 et 12 de la loi du 27 février 1880).

L'acte d'administration, théoriquement, peut en effet se concevoir comme étant l'acte avantageux, celui qui,en définitive, se solde par un excédent d'actif du patrimoine, celui qui fait immédiatement rentrer dans le patrimoine une valeur supérieure à celle qui en est sortie. Nous avons montré pour quelles raisons le Code avait abandonné ce système de protection à outrance, qui était en partie celui de l'ancien droit et du droit romain, et qui, ruinant le crédit des incapables, venait en plus jeter la perturbation et le trouble le plus grand dans les transactions.

Il est, en effet, d'une nécessité économique absolue que les tiers puissent traiter à coup sûr avec un incapable ; mais l'intérêt même de ces incapables veut, d'autre part, qu'ils soient protégés dans certains cas; et c'est pourquoi la loi exige pour tous les actes que nous venons d'énumérer,l'assistance du curateur. Le tiers qui n'a pas exigé cette assistance est en faute ; il a méconnu la prescription de la loi ; nul inconvénient alors à ce que l'incapable puisse rescinder pour cause de lésion l'acte ainsi passé ; on ne compromet ainsi en aucune façon le crédit de l'incapable, puisque la loi elle-même offrait au tiers co-contractant le moyen de rendre cet acte inattaquable.

La sanction sans doute est sévère ; peut-être n'y a-t-il aucune faute morale, aucune indélicatesse à lui reprocher ; il se peut en effet fort bien, qu'ayant passé un acte avec un incapable,qui soit pour ce dernier une cause de lésion, il n'ait pas pour cela abusé de l'inexpérience ni de l'âge du mineur émancipé.

39. — Quelle est, en effet, la raison qui pousse deux individus à contracter ensemble ?

C'est que pour deux individus, la chose qui fait l'objet de la transaction n'a pas la même *valeur*.

« La valeur est la propriété qu'ont un grand nombre de choses d'exciter nos désirs » (1). La valeur d'une chose se détermine par son utilité et sa rareté; or rien n'est plus variable que ces deux éléments ; pour un même homme, l'utilité et la rareté des choses peuvent être différentes ; de plus, deux individus ont une façon distincte d'apprécier l'utilité ou la rareté d'une même chose ; enfin, les idées et les besoins d'un homme ne sont pas immuables, et varient au contraire avec le temps et les circonstances.

Si donc, l'on place deux individus l'un en face de l'autre, avec leurs besoins et leurs goûts personnels, la raison d'être des transactions qu'ils opéreront entre eux sera le plus ou moins de valeur qu'ils attacheront respectivement à une même chose.

A ce point de vue une transaction ne serait jamais désavantageuse pour aucune des parties, puisque c'est chaque individu, avec ses besoins, ses appétits, ses goûts qui fixerait la valeur même des choses.

Mais, dans nos sociétés où l'échange est une condition essentielle de la vie économique, il n'en va plus de même, et nous voyons la valeur des choses

(1) Beauregard, *Eléments d'économie politique*, p. 192.

être régie par la loi plus générale de l'offre et de la demande, qui aboutit à leur donner un prix unique, appelé prix courant.

Plus spécialement dans notre hypothèse, il peut arriver qu'un individu profite de l'inexpérience d'un autre, spécule sur ses besoins et contracte avec lui une opération qui mettra l'incapable en perte, en le contraignant à des déboursés excessifs ; ici, le tiers est en faute, et l'on comprend très bien que l'acte soit rescindable sur la demande du mineur émancipé lui-même.

Mais supposons que notre incapable ait traité avec un tiers, que la prestation qu'il fournit soit économiquement équivalente à celle qu'il reçoit, mais que par suite du jeu de l'offre et de la demande, ou par suite de circonstances imprévues, nullement imputables au tiers, la valeur qu'il reçoit subisse une baisse, c'est-à-dire, éprouve, lors de la réalisation de l'opération, une dépréciation de valeur ; supposons, que le mineur émancipé ait agi dans un esprit de spéculation, mais que ses prévisions aient été erronées.

Ici, aucune faute ne peut être reprochée au tiers qui a traité avec l'incapable ; cependant si l'acte est de ceux que le mineur émancipé ne pouvait valablement passer qu'avec l'assistance de son curateur, la loi le rescinde. Le tiers verra l'acte tomber, ses engagements annulés, et le bénéfice très légitime qu'il se promettait de l'opération, compromis à jamais.

Pourquoi la loi se montre-elle si rigoureuse ?

C'est d'abord, pour cette raison de fait que le tiers avait à sa disposition un moyen très simple de rendre l'acte inattaquable : c'était de requérir l'assistance du curateur ; il a été à l'encontre d'un vœu formellement exprimé par le législateur ; il a violé une disposition de la loi ; il ne faut dès lors point s'étonner que le législateur mette entre les mains de l'incapable le droit de rescinder l'acte, s'il lui cause une lésion : il est à remarquer que la bonne foi même du tiers ne le mettrait pas à l'abri de l'action en rescision ; il est en effet un principe primordial en droit qui veut que l'on s'assure de l'identité et de la capacité de ceux avec lesquels on contracte (1).

Si la loi rescinde cet acte, c'est ensuite pour une raison de droit qui met en jeu les véritables principes de notre législation.

L'acte, peut-on dire, en effet, est nul parce qu'il a été accompli par quelqu'un qui était sans droit à cet égard ; le mineur émancipé a passé un acte qu'il ne pouvait passer, suivant le vœu de la loi, qu'avec l'assistance de son curateur ; cet acte doit tomber : le mineur émancipé est incapable, en ce qui concerne tous les actes autres que ceux portant sur le revenu ; la cause de nullité, c'est l'incapacité : voilà le droit.

(1) Note de M. Labbé, 74.1.409.

Maintenant, faut-il s'étonner que là où le mineur n'a aucun intérêt à faire rescinder l'acte, là où cet acte ne lui procure aucune lésion, l'acte reste entier et soit opposable au tiers contractant ? En aucune façon.

La lésion, peut-on dire, n'est pas la cause ellemême de la nullité de l'acte ; elle n'est que la circonstance qui lui permet de naître ; elle est ce qui permet à l'incapable de se prévaloir de son incapacité.

40. — Quoi qu'il en soit, dans ces hypothèses l'acte que le mineur émancipé aura valablement accompli seul, sera l'acte avantageux, l'acte non lésif. Voilà donc, semble-t-il, certains actes, spécialement déterminés par la loi, qui suivant le résultat qu'ils auront produit, seront déclarés valables, ou au contraire seront rescindables, sur la demande de l'incapable ; selon un pur résultat de fait, ces actes seront ou ne seront pas des actes de l'administration du mineur, ou, si cette formule ne paraît pas satisfaisante, on peut dire que le Code pose comme principe que les actes ne portant pas sur le revenu, ne constitueront jamais des actes de pure administration, qu'ils dépasseront toujours la capacité du mineur émancipé ; ils seront donc rescindables, mais par exception dans les cas où ils ne seront pas lésifs, ces actes auront été valablement passés par le mineur émancipé.

Au fond, ces deux formules diffèrent peu ; que le

maintien des actes visés par l'article 1305 apparaisse comme une exception à ce principe que le mineur émancipé ne passe valablement que les actes portant sur le revenu, parce qu'il est un incapable, et que la rescision soit alors, dans ce cas, considérée comme la règle générale, ou au contraire que le maintien de ces actes soit regardé comme l'application d'un principe plus général, d'après lequel le mineur émancipé doit, en principe, avoir le droit d'accomplir les actes qui ne sont pas pour lui la source d'une lésion, la rescision n'intervenant alors que pour purger le vice qui entache de nullité l'acte passé au mépris de cette règle, cela importe peu ; l'idée est toujours la même; à savoir qu'il y aura des cas où un acte dont la notion est incompatible avec celle de la pure administration, vaudra néanmoins et sera considéré comme valablement accompli par le mineur émancipé.

En insistant un peu sur cette notion de lésion, il est facile d'apercevoir, après les explications qui précèdent, la contradiction qui existe entre les différents principes posés par la loi et qui régissent la capacité du mineur émancipé.

Le Code, dans les articles 481 et suivants, semble restreindre l'activité juridique du mineur émancipé aux limites étroites d'une administration dont la nature et la portée ne peuvent laisser subsister aucun doute : il est un incapable, et cela, semble-t-il, au même titre que la femme mariée ou que l'interdit; son état d'incapacité devrait donc, à lui seul, constituer une cause suffisante de nullité des actes passés en dehors des limites de ses pouvoirs.

Voilà ce qui ressort de l'examen des articles 481 et suivants. Mais, dans l'article 1305, renversement à peu près complet de ces principes, et nous voyons le législateur venir décider que l'élément qui permettra au mineur de faire tomber un acte, ce ne sera pas le fait qu'il a été accompli, alors qu'il était sans droit à cet égard, mais bien cette considération que l'acte est pour lui la source d'une lésion. Cette lésion, il devra en faire la preuve ; là où il n'y aura pas lésion, il n'y aura pas incapacité.

La théorie du Code revient donc en définitive, semble-t-il, à exclure le mineur émancipé de la classe des incapables et à le mettre dans une posture plus désavantageuse que les autres incapables ; de là découle une différence qui peut sembler capitale (nous verrons un peu plus loin qu'elle est plus dans les mots que dans la réalité des faits), entre l'état d'incapacité de la femme mariée, par exemple, et celui du mineur émancipé.

« Pour ce qui est des femmes mariées non autorisées et des interdits, disait le tribun Jaubert dans son rapport au Tribunat, ils n'auraient besoin que d'invoquer leur incapacité..... Il est bien vrai qu'en règle générale, un mineur est déclaré incapable de contracter; mais un mineur peut être capable de discernement, le lien de l'équité naturelle peut se trouver dans un contrat passé par un mineur ; voilà pourquoi la loi a dû distinguer. S'il s'agit d'un mineur, la simple lésion donne lieu à la rescision en sa faveur. Il ne sera pas restitué comme mineur ; il pourra l'être comme lésé. »

A ce premier point de vue donc, nous voyons déjà la loi en contradiction avec elle-même : puisque après avoir posé la formule d'une pure administration accordée au mineur émancipé, nous voyons toute une catégorie d'actes, ne rentrant pas dans cette conception, et considérés néanmoins, peu nous importe pour quel motif, comme valablement passés par le mineur émancipé, en ce sens qu'il doit nécessairement prouver la lésion pour les faire tomber.

La loi est bien obligée de poser certains *a priori*, mais elle ne procède pas par l'énumération limitative des actes, dits d'administration, elle se borne à entourer certains actes de sûretés spéciales, et si le tiers qui a traité avec l'incapable n'a pas observé ces mesures de précaution, la loi, faisant preuve d'une rigueur très justifiée, laisse à sa charge toutes les mauvaises chances de l'affaire, et lui enlève toutes les bonnes.

41. — Mais ce n'est pas tout ; que se passera-t-il en effet lorsqu'il s'agira d'un acte sur lequel la loi est muette ?

L'article 484 commence par déclarer que le mineur émancipé pourra faire *tous les actes de pure administration*, et il ajoute plus loin que, suivant les cas, *ces actes pourront être réduits*; et quoiqu'en principe l'acte de pure administration revête toujours la même nature, nous voyons ici un acte, qui, suivant qu'il présentera ou non les caractères qui permettront d'en opérer la réduction, se trouve, en un certain sens, en deçà ou au delà des pouvoirs d'administration du mineur émancipé ; ce sera bien la nature de l'acte qui en fera, une fois pour toutes, un acte d'administration ; mais il n'en est pas moins vrai que, grâce à la réduction, ce seront des considérations étrangères à l'acte, les circonstances accessoires qui l'auront accompagné, qui feront qu'il rentrera ou non dans les pouvoirs de l'administration du mineur émancipé.

42. — La conciliation des articles 481 et 484 a donné lieu en doctrine à des controverses assez vives ; il s'agit de savoir si la réduction des engagements contractés par un mineur émancipé n'interviendra que là où il s'agit d'un acte qui, réduit à des limites raisonnables, peut constituer par sa nature un acte de pure administration, ou si au contraire elle trouverait aussi sa place dans d'autres cas. Si cette dernière hypothèse était la vraie, dit-on, l'article 484, alinéa 2, détruirait réellement la disposition de l'arti-

cle 481, qui ne reconnaît de capacité au mineur émancipé que pour les actes de pure administration (1).

Aussi s'est-on élevé contre un arrêt de Cassation du 21 août 1882, qui valide *l'achat d'un fonds de commerce,* fait par un mineur émancipé, pour la raison qu'il a eu pour objet de procurer à l'incapable un instrument de travail approprié à sa condition et à ses occupations antérieures; cette acquisition, loin d'être inutile, devait donc lui être profitable; l'engagement n'avait rien d'excessif: la vente devait donc être validée.

L'acquisition aurait-elle été conclue à des conditions trop onéreuses, eût-elle été inutile, mal en situation, ou peu en rapport avec les ressources de l'incapable, l'obligation aurait été réduite à de sages proportions.

Or, dit-on, l'achat d'*un fonds de commerce ne constitue jamais un acte de pure administration*, tel qu'il semble résulter des articles 481 et 482. Si donc cette acquisition semble inopportune ou conclue à des conditions trop lourdes, il faudra, non pas réduire l'engagement, mais le rescinder pour le tout; tels paraissent bien être en effet les principes du Code; malgré cela la doctrine et la jurisprudence paraissent fixées en ce sens que les engagements souscrits par un mi-

(1) Cass., 21 août 1882, S. 83.1.113, et la note de M. Lyon-Caen.

neur émancipé sans l'assistance de son curateur, alors que la loi ne statue pas expressément, sont, non pas rescindables, mais simplement réductibles; mais en allant au fond des choses, il est aisé de se rendre compte que la contradiction n'est qu'apparente, puisque la jurisprudence admet que la réduction peut opérer pour le tout, et avoir par là les mêmes résultats que la rescision.

43. — Si, tout à l'heure, on pouvait admettre que la violation par un tiers d'un texte de la loi permît au législateur de se montrer d'une sévérité telle qu'il rescindât certains actes, dont le seul tort était de procurer un bénéfice à ce tiers, dans le cas qui nous occupe à présent, on ne comprendrait plus cette rigueur.

Dans les hypothèses précédentes, l'incapable avait agi comme un bon père de famille : nous savons en effet que l'administration du bon père de famille ne va pas sans certains désavantages, conséquence inévitable des nombreuses transactions qu'il opère ; mais le tiers avait violé une disposition formelle de la loi, et le législateur pouvait dès lors, sans se heurter aux inconvénients économiques qui résulteraient de l'application de ce système à tous les actes intéressant les incapables, sanctionner le système idéal de l'acte d'administration, qui garantit le patrimoine de l'incapable contre toute lésion.

Mais, ici, que se passe-t-il ? La loi est muette ; aucun texte n'exige le consentement du curateur ; on ne peut songer à appliquer les mêmes solutions que précédemment.

Allons-nous laisser au mineur émancipé, la possisibilité de se ruiner, de compromettre une partie de sa fortune ? Non, et c'est ici qu'apparaît, avec sa sphère d'application bien nette, *l'action en réduction*, et nous dirons, que l'acte d'administration, au sens étroit du mot, sera, dans notre hypothèse, celui, qui étant de ceux qui peuvent être réduits ne sera pas réductible.

Or, l'acte réductible sera l'acte inopportun, exagéré, excessif, celui qui ne sera pas en proportion avec les ressources du mineur et son état de fortune, celui qui l'oblige à effectuer des dépenses qui excèdent ce que comporte sa situation sociale : on ne considère pas le résultat final de l'acte ; on n'a pas à examiner si tel acte ou telle obligation se solde en définitive par une augmentation de patrimoine ; on regarde les choses à un point de vue purement relatif ; conclue dans d'autres circonstances, l'opération aurait pu constituer une affaire excellente ; mais, vu les ressources du mineur, les engagements auxquels il se trouve devoir faire face, cette opération est exagérée et inopportune.

Supposons par exemple, qu'un mineur émancipé,

ayant 30.000 francs de revenus, prenne à bail un appartement pour le prix de 16.000 francs, alors que la valeur locative de l'appartement est de 20.000 fr. En soi, abstraction faite de toute considération accessoire, c'est là une excellente opération ; il sort du patrimoine du mineur, tous les ans une somme de 16.000 francs, il y rentre au contraire une valeur représentant théoriquement 20.000 francs, somme que le mineur pourrait facilement retrouver, en faisant une cession de bail ou une sous-location.

Supposons encore un mineur émancipé, qui achète une paire de chevaux de luxe valant 12.000 francs, et qu'il ne paie que 8.000 francs.

Ici encore l'affaire est bonne, ayant acquis pour 8.000 francs ce qui en vaut 12.000, le mineur, pourrait-on dire, a fait preuve d'une grande perspicacité, et d'un sens très fin des affaires.

On peut encore imaginer un mineur émancipé, se trouvant propriétaire de terrains ; devinant un mouvement de hausse considérable, qui donnera aux terrains une grande plus-value, et qui fera monter le prix des immeubles, le mineur y édifie des constructions nouvelles qui absorbent une partie de sa fortune.

Dans toutes ces hypothèses l'opération conclue est bonne, puisqu'il entre dans le patrimoine une valeur supérieure à celle qui en sort ; et cependant, dans toutes ces hypothèses, l'*acte sera réductible*, car il est facile de faire voir qu'un bon père de famille, qu'un administrateur, soucieux des intérêts de son administration, n'aurait pas agi de la sorte ; pour un individu qui a 30.000 francs de revenus, il est de toute évidence que le fait de louer et d'occuper un appartement de 16.000 francs, alors même que sa valeur est de 20.000 francs, constitue une opération mal en proportion, peu en rapport avec les ressources de cet individu ; de même, dans les mêmes conditions, l'administration du bon père de famille ne comportera jamais d'achat de chevaux de luxe pour un prix de 8.000 francs, alors même que ces chevaux en valent 12.000 ; toutes proportions gardées, l'opération, qui, dans d'autres circonstances, aurait été excellente, se présente comme inopportune et exagérée : la réduction trouvera ici sa place.

L'acte ne sera pas un acte d'administration s'il n'est pas en rapport avec la fortune du mineur, ou si l'acte est conclu hors de propos, et ne présente qu'un avantage problématique et incertain. L'administration type ce sera celle du bon père de famille, soucieux de la sauvegarde de ses droits, sachant conserver la bonne harmonie dans la gestion des divers intérêts en jeu, sachant ménager les uns et les autres et ne risquant jamais une opération qui, bien que présentant un avantage immédiat considérable, n'est pas à sa place dans une administration habile avec discernement et prudente sans exagération.

La question de savoir, si, dans ces limites, l'acte sera ou non un acte d'administration, sera donc une question de fait que le juge aura toute liberté pour apprécier, dans la souveraineté de ses droits (1).

Nous avons expliqué précédemment pourquoi la loi pouvait, dans certains cas, rescinder un acte lésif, alors même que cet acte, un administrateur diligent l'aurait accompli ; mais s'il peut arriver qu'il se résolve à passer des actes qui lui causent une lésion, un bon père de famille ne prêtera jamais la main à l'accomplissement d'un acte opportun, inutile, mal en proportion avec ses ressources ; la réduction opérée par la loi a pour résultat, non de ne laisser à l'incapable que les bonnes chances de l'opération, mais de le réduire aux justes limites d'une sage gestion.

44. — Quel est donc, en résumé, le système du Code, en ce qui concerne l'acte d'administration passé par un mineur émancipé ?

(1) Remarquons, que pour savoir si un acte est ou non un acte d'administration, il faudra scruter l'intention de l'incapable, rechercher le fondement rationnel de l'acte qu'il a passé ; un intérêt moral, tel que la sauvegarde de son honneur, ou de celui de sa famille, suffirait pour imprimer à un acte le caractère d'un acte d'administration ; il serait injuste et contraire à l'esprit de la loi « de convenir que le mineur émancipé peut gérer et administrer sa fortune, et qu'il ne peut rien pour conserver son honneur et celui de son père » (17 août 1841, S. 41.1.614 ; D. 41. 1.349).

Tantôt, pour celui qui aura été passé en violation d'un texte de la loi, l'acte que le mineur émancipé aura accompli dans la limite de ses pouvoirs d'administration, sera l'*acte avantageux*, l'acte non lésif; la raison d'être de l'action en rescision n'est pas dans ce fait que le mineur a agi sans discernement : l'action en rescision n'est que la sanction du respect dû à la loi ; elle trouve son fondement rationnel dans l'état d'incapacité du mineur émancipé ; en même temps qu'elle puise sa raison dans ce fait que le mineur émancipé ne doit voir d'autres entraves apportées au plein exercice de ses droits que celles nécessitées par la sauvegarde de ses intérêts.

Tantôt au contraire, en ce qui touche les actes pour lesquels la loi ne statue pas expressément, l'acte d'administration sera *l'acte opportun et utile* ; la réduction, dont le résultat sera de ramener ces actes à la limite de l'administration du bon père de famille, en même temps qu'elle répond au désir du législateur qui ne veut sous aucun prétexte que le mineur émancipé puisse compromettre son patrimoine, aura aussi pour but de faire subir au tiers les conséquences que l'acte aurait eues, s'il l'avait passé avec un individu capable.

Nous voyons donc la loi, justement préoccupée de faire marcher de pair et l'intérêt de l'incapable et celui des tiers ; préfère-t-elle le second au premier, elle méconnaît le premier de ses devoirs, qui est la protection des incapables; préfère-t-elle au contraire l'intérêt de l'incapable à celui des tiers, elle jette le trouble dans les transactions et va ainsi à l'encontre même de l'incapable qui ne trouvera plus personne avec qui traiter.

C'est pourquoi nous voyons la loi adopter ce système mixte, validant comme passés dans les limites des pouvoirs d'administration du mineur, tantôt l'acte avantageux, tantôt l'acte opportun.

Dans le premier cas, l'intérêt de l'incapable est sauvegardé en ce qu'il ne garde pour lui que les bonnes chances de l'opération ; quant à celui du tiers, qu'il ne se plaigne pas, il lui était facile d'exiger le consentement du curateur.

Dans le second cas, ces deux intérêts se trouvent également protégés, puisque l'acte se trouve ramené à celui qu'aurait passé un administrateur diligent, un bon père de famille.

On voit donc comment le législateur a eu constamment présente à ses yeux, la considération économique du crédit pour déterminer la mesure exacte de l'acte d'administration (1).

(1) Le mineur non émancipé n'a aucune capacité ; cependant s'il a passé seul un acte que le tuteur pouvait valablement accomplir, sans remplir aucune formalité, cet acte ne sera pas nul de droit, mais seulement rescindable pour cause de lésion.

45. — Mais alors, va-t-on objecter, voilà une administration difficile à concevoir et qu'il sera malaisé de ramener à tel ou tel acte déterminé à l'avance ; la loi ne semble-t-elle pas nous dire qu'il y a tel acte de pure administration qui sera réductible suivant les circonstances ? Ne nous dit-elle pas, d'autre part, qu'il y a des actes qui excèdent la capacité du mineur émancipé et qui néanmoins seront valablement accomplis par cet incapable ?

Que sera alors cet acte d'administration, fugace et changeant de nature et de caractère, selon les circonstances ?

L'acte d'administration ne sera-t-il donc pas tel ou tel acte déterminé à l'avance, et classé comme tel par le législateur ? On ne peut faire à cette question de réponse précise ; évidemment d'après les principes purs du Code, l'acte d'administration pour le mineur émancipé est toujours celui qui ne fait que porter sur le revenu.

Mais dans la réalité des choses, l'acte d'administration sera le plus souvent une pure question de fait ; en prenant le mot dans son sens le plus large, il sera celui qui, étant de ceux qui peuvent être réduits, ne sera pas réductible parce qu'il est opportun, ou qui, étant de ceux qui peuvent être rescindés pour lésion, ne sera pas rescindable parce qu'il n'est pas lésif.

Ici, ce ne sera pas l'administration que l'on réduira

à tel ou tel acte ; ce sera au contraire tel acte que l'on réduira à l'administration, en prenant pour type l'administration *in abstracto* du bon père de famille (1).

SECTION II. — De l'individu pourvu d'un conseil judiciaire.

46. — En examinant la situation du prodigue ou du faible d'esprit, c'est-à-dire de l'individu pourvu d'un conseil judiciaire, on s'aperçoit que la notion d'administration se trouve, en ce qui le touche, dictée par les mêmes considérations qu'en ce qui concerne le mineur émancipé : le vœu de la loi est certainement le même ici que là, elle ne veut pas que le prodigue puisse, par des dépenses excessives et inconsidérées, dissiper son patrimoine, sans fruit pour lui ni pour les autres, et consommer ainsi sa ruine ; le mineur émancipé qui fait un acte réductible pour cause d'excès agit un peu comme un prodigue ; dans un cas comme dans l'autre, ce qui fera l'excès d'un acte, c'est moins son résultat final, que son objet lui-même, et le fondement rationnel qui a poussé le prodigue à agir ; et de même que nous avons vu la jurisprudence tenir

(1) C'est à dessein que nous passons sous silence les actes que le mineur émancipé ne peut faire qu'en accomplissant certaines formalités ; si ces dernières n'ont pas été remplies, l'acte est nul en la forme ; la notion de l'acte d'administration ne peut pas ici se faire jour.

pour valable une obligation souscrite par le mineur émancipé et destinée à sauvegarder son honneur ou celui de sa famille, nous voyons ici les mêmes considérations dicter des solutions semblables.

En 1856, la Cour de Paris (1) a refusé de donner un conseil judiciaire à une femme qui avait contracté de lourdes obligations pour faire face aux dettes, contractées par son père : l'arrêt décide que ce qui constitue l'excès d'un acte, ce n'est pas son résultat, mais son objet; or, dans l'espèce, la femme avait obéi à un sentiment louable, et avait fait preuve d'un zèle des plus honorables.

Par application du même principe, un arrêt de la Cour de Chambéry de 1884 (2), a donné un conseil judiciaire à une femme dans des circonstances à peu près analogues ; son père pourvu d'un conseil judiciaire avait contracté des engagements qui avaient été déclarés annulables, comme excédant sa capacité ; à sa mort, sa fille, ne voulant pas laisser protester la signature de son père, paya les engagements par lui souscrits, et se vit donner, pour ce motif, un conseil judiciaire : ici la Cour estima qu'il y avait de la part de cette femme un scrupule exagéré, un zèle intem-

(1) Paris, 7 janvier 1856, D. P. 56.2.138.

(2) Chambéry, 2 juillet 1884, *La Loi* du 20 août, et la *Gazette du Palais*, 1884, 2e semestre, p. 465. Paris, 31 janvier 1894, D. P. 94. 2. 223, note de M. Planiol, S. 95. 2. 84.

pestif, le souci d'un amour-propre mal placé : un excès.

47. — Si l'intention du législateur (et cela n'est pas douteux), est que le prodigue ne puisse pas dissiper son patrimoine en dépenses inconsidérées, il faut avouer que les textes de la loi ne répondent en aucune façon à ses vœux ; les seuls textes qui limitent la capacité de l'individu pourvu d'un conseil judiciaire sont l'article 499 à propos de la nomination d'un conseil judiciaire intervenant sur une demande en interdiction, et l'article 513, à propos de la même nomination intervenant sur une demande principale ; l'individu pourvu d'un conseil judiciaire a besoin de l'assistance de ce conseil, pour « plaider, transiger, emprunter, recevoir un capital mobilier et en donner décharge, aliéner et grever ses biens d'hypothèque ».

Hormis ces textes qui édictent une incapacité, et qui doivent dès lors recevoir une interprétation restrictive, le prodigue devrait donc être pleinement capable ; la loi lui laisse, a-t-on l'habitude de dire, l'administration de ses biens ; remarquons que le mot ne se trouve pas prononcé dans la loi ; le droit d'administration est néanmoins réservé au prodigue ; on considère qu'il résulte implicitement de l'ensemble des textes et de leur économie générale.

Pourra-t-il alors, armé de ce droit, contracter des obligations à l'infini, faire pour son entretien des dépenses exagérées, donner ses immeubles à bail pour un prix dérisoire ? Aucun article du Code ne le lui interdit, mais, on peut dire que cette interprétation, si elle ne viole pas le texte de la loi, irait certainement à l'encontre de son esprit ; aussi, dans toute cette matière, voyons-nous la jurisprudence en prendre très à son aise, et édifier un système qui s'éloigne sensiblement des textes.

48. — Pour la jurisprudence, l'acte d'administration, pour l'individu pourvu d'un conseil judiciaire (à l'exception de ceux spécialement visés par l'article 513, et qui ne peuvent jamais être validés comme tels, si le prodigue les a passés seuls), sera l'acte *modéré*, *opportun*, qui aura été accompli en considération et dans la juste limite de ses besoins, l'acte en un mot que comporterait l'administration du bon père de famille.

La jurisprudence applique donc au prodigue les règles que nous avons cru devoir adopter à propos du mineur émancipé ; elle soumet les obligations excessives contractées par un prodigue, tantôt à *l'action en réduction* de l'article 484 (1), tantôt à *l'action en nullité* (2), mais dans les deux cas, la dérogation

(1) Dalloz, *Suppl. au répertoire*, V° *Interdiction*, n° 280 ; Lyon, 10 mai 1861, D. P. 1861.2.165 ; Cfr. Valette, *Cours de droit civil*, p. 605 et 634.

(2) Cass., 2 déc. 1885, D. P. 1886.1.128, S. 1886.1.126. V. aussi, Demolombe, t. VIII, nos 745 et s. ; Aubry et Rau, t. I, p. 573, § 140.

aux textes est la même ; quelle que soit la sanction que la jurisprudence attache à ces actes, que ce soit la réduction ou la nullité, elle ajoute aux textes de loi et crée une incapacité de toutes pièces.

C'est qu'elle a parfaitement compris qu'il n'était pas suffisant, pour sauvegarder ses intérêts, de dire d'une manière vague, que l'individu pourvu d'un conseil judiciaire, avait la capacité de faire les actes d'administration ; encore fallait-il préciser ; et la jurisprudence, aujourd'hui, ne tient pour valablement accompli dans les limites de son droit d'administration, que l'acte qui est en rapport avec les ressources et l'état de fortune du prodigue, celui qui conserve une sage proportion entre les différents éléments de son patrimoine, l'acte qui n'est ni inconsidéré, ni inopportun, ni excessif.

Ici encore, nous voyons que la seule limite au droit de l'administration du prodigue sera son intérêt bien entendu, et la sauvegarde de ses droits ; et cette manière de voir ne heurtera en rien les droits des tiers, qui ne pourront pas se plaindre de voir les engagements qu'ils ont contractés avec un prodigue, réduits aux justes limites d'une sage gestion, alors qu'ils ont abusivement spéculé sur ses habitudes de dépenses et de luxe.

En fait, le système de la jurisprudence n'est pas aussi différent de celui de la loi qu'il le semble à première vue ; pratiquement on arrive au même résultat : si l'article 513, en effet, n'interdit pas au prodigue de s'obliger à l'infini, il exige, dans tous les cas, pour que le prodigue puisse aliéner un capital mobilier, l'assistance du conseil ; or, supposons que le prodigue ait contracté des obligations excessives; quand arrivera le moment de les acquitter, le conseil fera opposition à ce qu'un capital mobilier sorte du patrimoine ; le tribunal, en chambre du conseil, nommera alors un conseil judiciaire *ad hoc* ; l'affaire sera portée devant la justice, qui appréciera la validité du refus du conseil (1).

SECTION III. — **De la femme séparée de biens.**

49. — La loi, article 449, donne à la femme séparée de biens la *libre administration de ses biens* : cette libre administration comprendra sans doute dans son terme générique une série d'actes plus importants et plus graves que la pure administration du mineur émancipé ; aussi bien le simple examen des textes nous indique-t-il que la femme aura le droit de recevoir et de donner décharge d'un capital mobilier, ainsi que la mainlevée des hypothèques ; la distinction ne porte plus ici sur le capital et le revenu (2).

(1) Paris, 31 janvier 1888, S. 1888.2.191 ; Trib. de Lille, 17 novembre 1882, *Le Droit* du 4 février 1883 ; Liège, 12 juillet 1882.
(2) Paris, 20 février 1880, sous Cass., 25 avril 1882, S. 83.1.

Il ne s'agit plus en effet ici d'une incapacité naturelle, comme dans le cas du mineur émancipé ; l'incapacité de la femme mariée peut sembler avoir sa raison d'être principale la nécessité de maintenir dans la bonne harmonie dans l'union des deux époux, en réunissant dans la même main la direction de leurs intérêts ; or, par suite de la séparation de biens, cette nécessité n'existe plus, et la surveillance du mari ne s'exerce plus que d'une façon beaucoup plus rare (1).

Dans notre ancien droit, certaines coutumes relevaient absolument la femme séparée de biens, de son incapacité ; le Code, par déférence pour le mari, par respect pour le mariage, maintient, dans certains cas, la nécessité de l'autorisation maritale, mais dans tous les cas où la loi ne statue pas expressément, la

221 ; D. 82.1.248, qui annule l'acte par lequel la femme séparée de biens s'engage, sans l'autorisation de son mari, à payer, même seulement sur ses revenus, une dette commerciale antérieure à sa faillite, alors qu'un concordat par abandon d'actif est intervenu entre elle et ses créanciers, et qu'il n'existait plus, dès lors, d'action directe contre elle, à raison de cette dette.

(1) C'est ainsi que, pour des raisons de convenance, faciles à comprendre, la femme ne peut, sans autorisation, accepter une succession à laquelle elle est appelée (Guillouard, t. 3, n° 1192 ; Aubry et Rau, t. 5, p. 408 et 409, § 516) ; que pour les mêmes raisons, elle ne peut accepter seule une donation (Aubry et Rau, t. 5, p. 409 et 410, § 561), qu'elle ne peut ester en justice et qu'elle ne peut compromettre (Demolombe, t. 4, n° 160 ; Laurent, t. 22, n° 323). V. articles 83 et 1004 du Code de procédure civile.

femme, armée du droit de libre administration, a pleine capacité pour accomplir valablement tous les actes nécessaires à cette administration.

Or, pour une personne qui administre son patrimoine, le conflit entre le droit de l'administration et celui du propriétaire ne peut pas naître ; il ne sera pas question de cette limite qu'impose à la gestion du premier le respect des droits du second ; de plus, nous ne voyons plus ici, comme dans le cas du mineur émancipé, la loi faire la distinction entre le *capital* et le *revenu* ; dans cette dernière hypothèse, la loi elle-même impose certaines limites au pouvoir d'administration de cet incapable ; nous avons indiqué quel compte il fallait tenir de ces prescriptions, et comment l'intérêt même de l'incapable, et la nécessité économique du crédit d'une part, et de l'autre, la sanction résultant de la violation de la loi, venaient faire échec à la notion d'administration du mineur émancipé, telle qu'elle semble être écrite dans la loi ; nous avons vu dans quelle mesure ces principes, étendant l'administration à des actes qui, à première vue, ne semblent pas y être compris, palliaient aux inconvénients qui résulteraient de la notion d'une administration, enfermée dans une limite trop étroite, et appliquée dans un sens trop restreint.

Mais ici, rien de semblable, la loi laisse à la femme

une certaine latitude, en ce qui concerne l'administration de sa fortune mobilière.

50. — L'acte d'administration, pour la femme séparée, *ne sera jamais l'acte avantageux*, puisque la ressource de l'action en rescision pour cause de lésion est réservée aux seuls mineurs ; il pourra donc fort bien arriver que tel acte causant à la femme un préjudice, soit néanmoins un acte de sa libre administration.

Mais nous croyons que l'intention du législateur est de conférer à la femme des pouvoirs tels qu'elle puisse valablement accomplir, sans autorisation, *tous les actes opportuns et sages, ceux que ne manquerait pas d'accomplir un bon père de famille* (1).

Pour savoir si l'acte passé par la femme est ou non un acte de sa libre administration, il faudra donc scruter ses intentions, peser les motifs qui l'ont déterminée à agir, examiner si l'acte est en proportion avec ses ressources, ou si le but qu'il se propose d'atteindre est utile ; ici encore ce sera moins le résultat final de l'acte, qui fera qu'il sera un acte d'administration, que son objet même et sa raison d'être.

En nous plaçant à ce point de vue, nous admet-

(1) Il y a des actes qui, indépendamment de toute circonstance accessoire, sont formellement interdits à la femme séparée de biens (aliénation d'immeubles, constitution d'hypothèques), le fait d'aliéner et de recevoir à titre gratuit, celui d'ester en justice.

trions plus volontiers l'opinion contraire à celle contenue dans un arrêt de la Cour de Douai (1), qui refuse au mari le droit de contrôler l'usage que fait la femme du droit qui lui est reconnu de donner à bail ses immeubles, alors même qu'elle consent des baux à vil prix, et qu'elle compromet ainsi une des sources principales de ses revenus.

Mais nous croyons qu'il a été bien jugé que le transport par la femme de ses revenus à échoir est nul, s'il n'a pas eu lieu pour les besoins de son administration (2). Pourquoi cet acte est-il nul ? C'est, nous dit l'arrêt de la Cour de Paris, « qu'assurément et sauf » dans des circonstances extraordinaires qui n'existent pas dans l'espèce, on ne saurait reconnaître » que la femme passe un acte de sage administration » quand elle aliène par avance ses revenus dans l'intérêt des tiers ».

A l'inverse il pourra fort bien arriver que l'échange d'un capital productif, contre un capital improductif soit un acte de bonne administration.

Supposons, par exemple, une actrice qui, de par les nécessités mêmes de son art, soit obligée de mettre en vente les titres qu'elle possède et qui lui rapportent un intérêt, pour acquérir en échange des

(1) Douai, 24 juillet 1865, D. 66.2.29 ; V. Laurent, t. 22, n° 294 ; Guillouard, t. 2, n° 1181.

(2) Paris, 12 mai 1859, S. 59.2.561 ; P. 60.634 ; *Sic* : Dutruc, n°s 334 et s.

bijoux, des toilettes qui doivent lui permettre de remplir avec succès un rôle qu'elle est appelée à jouer; ce sera là, pour cette femme, un acte de bonne administration.

Dans un autre ordre d'idées et par application du même principe, la femme qui se livre à des *jeux de bourse*, alors même que ses spéculations sont heureuses, ne fait jamais un acte de bonne administration ; car de telles spéculations constituent une opération dangereuse, susceptible de faire subir au patrimoine des pertes considérables ; ce n'est pas à cet effet que la loi donne à la femme séparée, l'administration de ses biens (1).

51. — Il convient d'ailleurs d'insister sur cette notion de spéculation, qui nous semble absolument incompatible avec celle de l'administration ; et nous croyons qu'indépendamment de toute circonstance de fait, on peut dire que l'acte d'administration est celui qui ne met en jeu que les ressources présentes du patrimoine, celui dont la réalisation immédiate ne porte que sur les éléments actuellement y existants, celui, dont l'exécution peut se produire incessamment, et qui trouvera son équivalent dans ce qui, dans le patrimoine, est destiné à faire face aux engagements qui le grèvent.

(1) Cass., 30 décembre 1862, S. 63.1.237, D. 63.1.40.

L'acte, au contraire, qui n'est passé qu'en vue de prévisions plus ou moins hasardeuses, qu'eu égard à des chances problématiques, celui-là est un acte de spéculation, et ne constituera jamais un acte d'administration. C'est pourquoi, en dehors des pures spéculations de Bourse, interdites à la femme séparée, nous croyons qu'il lui est également défendu *d'acheter à crédit des meubles ou des immeubles*, réserve faite toutefois des objets qui peuvent être indispensables pour le ménage, et dont l'acquisition ne se fait pas ordinairement au comptant (1).

Une première raison de cette prohibition est que l'acquisition à crédit se fait d'ordinaire à des conditions plus onéreuses que l'acquisition au comptant ; l'augmentation du prix d'une chose achetée à crédit a d'abord pour objet d'indemniser le vendeur de la privation de son capital ; elle a aussi pour but de le garantir contre les risques d'insolvabilité qu'il encourt de la part du débiteur ; enfin elle trouve sa raison dans ce fait que le créancier s'engage à l'avance pour un certain temps, alors qu'il n'est jamais complètement assuré de ne pas avoir besoin du capital dont il s'agit, avant l'époque fixée pour le remboursement.

Le débiteur, lui, au contraire, achète à crédit, es-

(1) Toulouse, 6 juin 1883, D. 85.2.75 ; Guillouard, t. III, n° 1192.

timant qu'il n'y a pas là pour lui une cause de perte, et qu'il y trouvera peut-être même un bénéfice.

Il compte sur des rentrées prochaines de capitaux; il estime qu'au moment de l'exécution de son engagement, il trouvera de l'argent à bon marché, ce qui, pour lui, compensera le prix élevé qu'il est obligé de payer ; en un mot il spécule.

Nous croyons que ces calculs sont incompatibles avec la notion de l'acte d'administration ; celui qui n'est armé que d'un droit d'administration n'a pas une capacité suffisante pour supputer les chances de l'avenir ; il n'a pas le droit de jouer ainsi de la notion du crédit susceptible d'exposer le patrimoine à des pertes dont le montant, même approximatif, ne peut être calculé.

Nous avons dit que l'acte d'administration était l'acte opportun, et par là, nous entendions l'acte raisonnable, fait à propos ; nous pouvons préciser maintenant : il sera celui qui ne trouve pas sa raison dans des probabilités plus ou moins chanceuses, mais qui s'inspire, au jour le jour, des besoins nécessaires et profitables à une gestion prudente et certaine.

Au fond, peut-être ces deux idées sont-elles voisines l'une de l'autre ; lorsqu'on dit que l'acte d'administration est l'acte du bon père de famille, on n'entend nullement par là que, pour reconnaître si oui ou non il y a eu acte d'administration, il faudra toujours se reporter aux circonstances de fait, aux conditions mêmes dans lesquelles l'acte a été accompli ; le sens de l'administration du bon père de famille est infiniment plus large ; il est certains actes qui en eux-mêmes ne rentrent pas dans cette notion d'administration, *lato sensu* ; tels sont ceux qui évoquent une idée de spéculation.

La spéculation s'exerce sur des éléments instables du patrimoine, puise sa raison d'être dans des considérations extérieures à l'acte, et se trouve toujours à la merci d'un événement imprévu ; l'administration du bon père de famille, elle, au contraire, ne s'exerce que sur des données certaines ; elle n'a pas ainsi le don de lire dans l'avenir ; elle vit au jour le jour ; elle est opportune.

L'acte d'administration, pour la femme séparée, s'opposera donc à l'acte de spéculation. Il sera l'acte en proportion avec ses ressources ; ce sera, par exemple, le fait par elle de recevoir ses revenus, de faire des placements, d'échanger des valeurs contre d'autres, qui lui paraissent plus sûres ; tout changement, tout flottement dans la fortune mobilière, constituera un acte d'administration, s'il n'est pas un acte spéculatif, et s'il présente un caractère d'opportunité tel qu'un bon père de famille n'eût pas hésité à l'accomplir.

52. — Au surplus, ne faut-il pas exagérer la notion de spéculation ; car en allant au fond même des choses, il est aisé de se rendre compte que le mot spéculer a un sens infiniment large et variable : il y a telle spéculation qui sera parfaitement légitime, et que la femme accomplira valablement ; il faut donc déterminer exactement la portée précise de la notion de spéculation et se garder de l'étendre à des cas où elle ne pourrait trouver aucune application.

Spéculer, c'est dans un certain sens, prévoir, devancer les événements ; c'est faire œuvre d'initiative, c'est déjouer ce que l'avenir peut apporter avec lui d'incertain et de troublant, c'est faire servir les ressources de l'heure présente à parer aux éventualités du lendemain.

Va-t-il être interdit à un administrateur de prévoir et de se précautionner contre les risques de l'avenir? Evidemment non ; si l'administrateur devait se borner à ne passer que des actes en réponse, en quelque sorte à un fait accompli, il arriverait toujours trop tard ; son action serait inefficace ; aussi y a-t-il telles spéculations, qui, bien que présentant un certain aléa, offrent un caractère incontesté d'utilité ou d'urgence, et sont dictées par un sentiment élémentaire de prudence ; elles impliquent avant tout, le fait de suivre, dans son développement normal, une tendance nettement dessinée.

Ainsi il est de toute évidence que la *transaction*

peut jusqu'à un certain point être considérée comme un acte de spéculation ; il entre dans l'esprit de celui qui la consent, une certaine estimation qui fait qu'il se résout à s'imposer certains sacrifices ; il est, cependant, presque universellement admis que la femme séparée de biens peut transiger sur ses droits mobiliers (1) ; c'est que la transaction n'est pas en soi une spéculation ; elle constitue au contraire, à moins de circonstances spéciales qui en modifient la nature, un acte de prudente gestion.

53. — La question de savoir si l'idée de spéculation a été la raison déterminante d'un acte, ou si elle n'a été au contraire qu'un élément accessoire et insignifiant, tenant au résultat de fait de cet acte, a donné lieu à propos de quelques-uns d'entre eux à de vives controverses.

Ainsi, par exemple, on discute le point de savoir si la femme peut aliéner, moyennant une rente viagère, les biens dont elle a la gestion (2).

Nous pensons que rien n'est plus légitime pour une femme séparée de biens de recourir à ce mode de placement de ses capitaux, et si leur insuffisance,

(1) Troplong, *Transactions*, n° 51 ; Demolombe, t. IV, n° 159 ; Aubry et Rau, t. V, p. 403 et 404, § 516 ; Laurent, t. II, n° 323.

(2) V. Trib. Seine, 3 février 1869, D. 71.3.109 ; Troplong, t. II, n° 422 ; Aubry et Rau, t. V, p. 404, § 516, note 59 ; Laurent, t. II, n° 298.

au taux légal et l'absence de toute autre ressource lui faisaient une obligation de prudence de recourir à ce mode d'accroissement de ses revenus annuels, le fait par elle de faire un placement en rente viagère, loin de dénoter un esprit de spéculation, constitue au contraire une mesure de sage prévoyance, qui assurera à cette femme, jusqu'à son dernier jour, le moyen de pourvoir à son entretien et à sa subsistance.

« La rente viagère renferme une aliénation de capital ; la femme a aliéné un capital pour acheter une rente ; mais précisément parce qu'elle reçoit une rente et que cette rente peut lui procurer le bien-être et l'aisance, on ne saurait dire qu'elle aliène, qu'elle se dépouille, qu'elle perd. Elle remplace une valeur par une autre ; elle place son argent ; elle administre sa fortune, il est juste de lui laisser une certaine latitude (1).

Cependant il n'est pas douteux qu'il entre, dans cet acte, une certaine spéculation ; et M. Laurent n'autorise la femme séparée à placer ses capitaux en rente viagère que parce qu'il est partisan de la liberté la plus absolue à accorder à la femme, pour tout ce qui touche sa fortune mobilière ; « ce placement avantageux pour la femme, ajoute M. Laurent, peut être ruineux pour les enfants, et parfois la femme

(1) Troplong, t. II, n° 1422.

fait elle-même une très mauvaise spéculation ; on pourrait dire que l'administrateur n'a pas le droit de spéculer, et tout contrat aléatoire est une espèce de jeu, où l'on peut gagner et où l'on peut perdre (1). »

Quant à nous, sauf le cas où il ressortirait des faits de la cause que cette opération n'a eu lieu que dans un but de spéculation ou de spoliation pour les héritiers, nous nions que le placement en rente viagère constitue une spéculation.

Il est de toute évidence que la femme qui fait une telle opération n'est pas guidée par les mêmes considérations qu'un individu qui spéculerait sur une valeur de Bourse ; la femme ne se fait pas le raisonnement suivant :

Si je meurs demain, mon opération sera désastreuse ; si, au contraire, un long avenir m'est réservé, mon placement constituera une affaire excellente.

Outre qu'il n'est pas dans la nature humaine de spéculer ainsi sur sa propre vie et d'envisager avec le calme d'un homme d'affaires, son décès prochain, comme on envisage l'échéance d'un terme dans une obligation, il est certain que ce ne sont pas de semblables considérations qui poussent une femme à faire un placement en rente viagère ; celle-ci prendra une moyenne de la vie humaine et si elle estime que ses

(1) Laurent, *loc. cit.*

ressources sont insuffisantes pour subvenir à son existence, elle fera un tel placement, non dans une pensée de spéculation, mais mue par des considérations de prudence et de précaution (1).

54. — Une question analogue à celle que nous venons d'étudier se pose à propos du droit, pour une femme séparée de biens, de contracter *une assurance sur la vie*.

La controverse, en doctrine, est assez vive ; les raisons de douter sont plus fortes encore que précédemment ; en effet, « dans la rente viagère, la femme reçoit immédiatement une autre valeur ; elle remplace une valeur par une autre dont elle jouit ; jusqu'à un certain point, un tel acte peut rentrer dans les limites de son droit d'administration ; dans l'assurance sur la vie, la situation est toute différente ; le droit à la contre-valeur ne s'ouvre qu'après son décès, ou, dans le cas d'une assurance sur la vie, généralement à longue échéance, si elle survit » (2).

Cette considération n'est pas pour nous toucher ; nous savons que le résultat définitif de l'acte n'entre pour rien dans la question de savoir s'il constitue ou non un acte d'administration (3).

(1) *Contrà* : Massé et Vergé sur Zachariae, t. 4, p. 149, § 649, note 54 ; Demolombe, t. 4, n° 158 ; Dutruc, n° 845 ; Guillouard, t. 3, n° 1196.

(2) Herbault, *Traité des assurances sur la vie*, n° 108.

(3) Patinot, *Revue pratique de droit fr.*, t. 26, p. 548 ; Couteau,

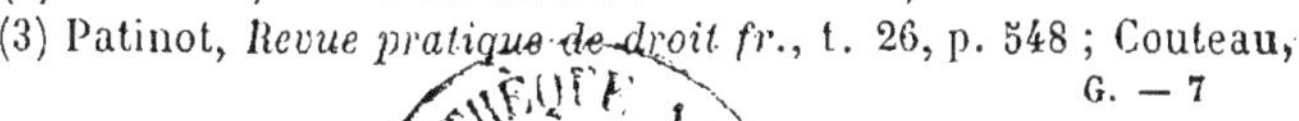

Nous croyons qu'une assurance sur la vie contient les éléments d'un acte d'administration, parce qu'il est dicté, non par une pensée de spéculation, mais par une considération sérieuse et réfléchie des chances de l'avenir ; en fait, une assurance sur la vie pourra fort bien faire subir au patrimoine des pertes sérieuses ; mais ce qu'il faut considérer, c'est moins le résultat final de l'acte, que son degré d'opportunité et d'utilité et la nécessité qu'il y avait à le passer dans une administration soucieuse de répondre à la notion de celle du bon père de famille (1).

55. — La notion de l'administration du bon père de famille jointe à celle plus spéciale de spéculation, nous permettra de prendre parti sur la question de savoir si la femme peut avec ses capitaux actuels, dans la limite de ses ressources présentes, et au comptant, acquérir des meubles et des immeubles (2).

Il nous semble qu'en conférant à la femme séparée la libre administration de ses biens, la loi a en-

Traité des assurances sur la vie, t. 3, nos 308 et 309 ; Ruben de Couder, *Dictionnaire de Droit commercial*.

(1) Sur le point de savoir si la femme a besoin d'une autorisation spéciale pour disposer du bénéfice de l'assurance, V. dans le sens de l'affirmative, Vibert, *Contrat d'assurance sur la vie*, p. 69, et Tr. Seine, 10 déc. 1884, S. 86.2.46. Dans le sens de la négative, Couteau, *loc. cit.*

(2) Dans le sens de l'affirmative, Demolombe, no 157 ; Aubry et Rau, t. 5, p. 404, § 516 ; Colmet de Santerre, t. 6, no 101 *bis*-2 ; *Contrà* : Bellot des Minières, t. 4, p. 313 ; Guillouard, t. 3, nos 1194 et s.

tendu lui laisser la pleine liberté de faire au comptant toutes espèces d'acquisitions mobilières et immobilières, avec ses capitaux et ses économies capitalisées; il faut donc lui permettre tout ce que comportera la gestion de son patrimoine, suivant son mode de développement régulier ; et si tout à l'heure, nous interdisions à la femme l'acquisition de meubles ou d'immeubles à crédit, ici nous l'autoriserons à faire des opérations au comptant, qui trouvent une contre-partie dans une valeur actuellement en réserve dans le patrimoine.

Un arrêt de la Cour de cassation (1), rejetant le pourvoi contre une décision de la Cour d'Agen (2), décide cependant que « l'article 1449 limite aux actes d'administration ce que la femme séparée est capable de faire sans l'autorisation de son mari ou de la justice, et que l'emploi du prix d'un immeuble dotal en achat d'un autre immeuble, conformément aux clauses du contrat de mariage, est un acte dépassant les limites de la simple administration, pour lequel, dès lors, l'autorisation du mari ou de justice est nécessaire ».

Quelle est l'idée dominante de cet arrêt, et est-il possible d'en dégager le système général de la jurisprudence ?

(1) Cass., 2 déc. 1885, S. 86.1.97, P. 86.1.225. Note de M. Labbé.
(2) Agen, 9 nov. 1881, S. 82.2.223.

La Cour a-t-elle réellement entendu prétendre que l'acquisition de meubles ou d'immeubles au comptant, constitue pour une femme séparée de biens un acte dépassant les limites de son administration ?

Le législateur, disent les partisans de cette opinion, s'est préoccupé de la conservation de la fortune immobilière, qu'il protège d'une façon toute spéciale ; quant à la fortune mobilière, qui lors de la rédaction du Code était loin d'avoir l'importance qu'elle a aujourd'hui, c'est volontairement qu'il a été peu explicite à son égard ; aujourd'hui que les valeurs mobilières tiennent au moins dans les fortunes privées une place aussi grande que les immeubles, une différence de réglementation entre ces deux sortes de biens ne se justifie plus.

Mais, dans ce système très restrictif de sa capacité, nous n'apercevons pas la portée de l'administration de la femme que la loi qualifie de libre ; ce seul mot indique que le législateur a entendu lui laisser une certaine latitude ; cette liberté doit s'apprécier dans un sens très large ; le législateur a voulu que la femme pût faire, pour tout ce qui concerne sa fortune mobilière, les actes qui lui sembleront opportuns et désirables ; et comment d'ailleurs supposer que l'autorisation d'un mari, contre lequel une séparation a été prononcée, soit une source de sagesse, et constitue une mesure de protection bien efficace ?

La solution de la Cour suprême n'a-t-elle été dictée que par cette considération, que le capital à remployer avait une *origine immobilière* ? L'immeuble est la valeur sûre par excellence, peut-on dire ; il faut veiller à ce que cette valeur soit remplacée par un bien qui offre le plus de garanties possible.

Ici, encore, nous ne voyons pas l'utilité de l'intervention du mari ; car s'il peut bien refuser son assentiment, s'opposer à l'opération que veut conclure la femme, il ne peut pas la contraindre au remploi, en dehors de l'hypothèse du régime dotal.

Aussi, croyons-nous bien plutôt que l'arrêt de la Cour de cassation trouve sa source dans les sévérités spéciales du régime dotal ; on sait que les tiers acheteurs et débiteurs sont responsables de l'emploi, mais qu'ils ne répondent nullement de l'utilité du remploi, sauf l'imputation d'une faute grave commise (1). L'autorisation du mari assurerait l'utilité de l'emploi.

Mais on peut objecter à cette façon de raisonner que la capacité de la femme séparée est la même sous tous les régimes ; l'article 1449 ne fait pas de distinction ; peut-être cependant pourrait-on tirer un argument en faveur de notre système de l'article 1576.

(1) Cass., 14 juin 1881, S.82.1.97, P. 82.1.225. V. la note de M. Lacointa.

Aux termes de cet article, la femme a l'administration de ses biens paraphernaux, sans distinction entre les meubles et les immeubles ; elle ne peut les aliéner sans autorisation ; et il ne serait pas juste que la femme dotale séparée ait, au sujet de biens dotaux dontelle reprend l'administration, une liberté qu'elle n'aurait pas au sujet des biens paraphernaux, dont le contratde mariage lui confie l'administration.

Nous croyons donc que le caractère dotal de l'immeuble dont le prix était à remployer, a été la cause déterminante de l'arrêt ; la question reste entière ; l'arrêt de 1885 n'est qu'un arrêt d'espèce qui, réservant la question en face d'hypothèses différentes, ne vient en rien infirmer le système que nous avons soutenu.

Une décision toute récente de jurisprudence est d'ailleurs venue apporter un argument nouveau en faveur de cette interprétation de l'arrêt de cassation de 1885.

La Cour d'appel de Paris, dans un arrêt du 9 novembre 1897 (1),vient en effet de décider que « lorsque des dispositions d'un contrat de mariage il ressort que la femme mariée sous le régime dotal ne pouvait aliéner sa dot mobilière et les valeurs qui la

(1) La *Gazette des Tribunaux*, 19 novembre 1897. V. aussi Tr. de comm. de la Seine, 6 octobre 1897, *Le Droit*, 7 novembre 1897.

composent sans l'autorisation de son mari, et à charge de remploi, ces stipulations continuent à régir la capacité de la femme mariée même après la séparation de biens judiciairement prononcée ».

L'arrêt fait donc ici une situation différente à la femme séparée, suivant qu'elle est mariée sous le régime dotal, ou sous tout autre régime, et lui donne dans le premier cas une capacité moindre que dans le second; la stipulation du régime dotal fera donc que le fait pour une femme séparée d'aliéner des objets mobiliers d'une valeur considérable, entraînant la nécessité d'un remploi de capitaux, ne sera pas pour cette femme un acte d'administration (1); ici encore comme précédemment, la raison déterminante de l'arrêt est la stipulation du régime dotal, les sûretés toutes spéciales et la protection particulière dont le législateur a entouré la dot, et qui doit survivre à la séparation de biens (2).

(1) Il est à remarquer d'ailleurs que la Cour emploie à plusieurs reprises, avec intention, cela n'est pas douteux, les mots : « simple acte d'administration », et non plus l'expression « libre administration » de l'article 1449. « Considérant que la stipulation du régime dotal continuant à régir la capacité de la femme, même après la séparation de biens prononcée, qu'enfin, on ne saurait assimiler à de simples actes d'administration, l'aliénation d'objets d'une valeur considérable entraînant la nécessité d'un remploi de capitaux. »

(2) Une question analogue à celle que nous venons de traiter est celle de savoir si le fait pour une femme de surenchérir un immeuble de son mari, vendu sur la poursuite d'un tiers, est pour la femme séparée un acte qui rentre dans les limites de

56. — Le principe de l'administration de la femme telle que nous l'avons exposée, nous aidera à résoudre les difficultés qu'a soulevées l'interprétation du second alinéa de l'article 1449 : « *La femme peut disposer de son mobilier et l'aliéner.* » La libre administration de la femme séparée va-t-elle jusqu'à lui permettre de faire sur son mobilier toutes les aliénations qu'elle croira devoir accomplir, sans aucune limite, et sans aucun contrôle ? Va-t-elle aussi pouvoir s'obliger à l'infini, quitte à n'exécuter ses obligations, que sur son mobilier ?

Que telle ait été la pensée des rédacteurs du Code,

son droit de libre administration.

Sans prétendre, comme l'a fait la Cour de Bruxelles, 20 avril 1811, D. 24.1.233, que la réquisition de mise aux enchères est un simple acte qui ne tend qu'à assurer les effets du droit ouvert à tous les créanciers inscrits, que ce droit n'a rien de litigieux, et qu'il doit au contraire être considéré comme un acte conservatoire, nous pensons que la femme requiert valablement une surenchère, si toutefois, cette mesure est dictée par un esprit de sage administration, puisque, dans cette mesure, la femme a qualité et pour s'obliger et pour se rendre acquéreur d'un immeuble.

La Cour de cassation, dans un arrêt du 14 juin 1824 (D. 24.1. 233), avait jugé en sens contraire : mais la jurisprudence est, depuis longtemps, revenue sur cet arrêt. Cass., 29 mars 1853, S. 53. 1.442, D. 53.1.103 ; Orléans, 24 mars 1831, S. 31.2.155 ; Bourges, 15 février 1840 sous Cassation, 14 juin 1843, S. 43.1.465, D. 43.1.320.

Il est vrai que ces arrêts ne visent que le cas d'une femme faisant une réquisition de surenchère pour le recouvrement de ses reprises, et notamment, pour la restitution de sa dot, mais nous ne voyons, quant à nous, aucun motif de distinguer entre le cas où la femme agit pour le recouvrement de ses droits et reprises et celui où elle est désintéressée sous ce rapport.

cela est fort possible ; nous savons en effet qu'à l'époque de la confection du Code toute aliénation du mobilier était, à cause du peu d'importance de cet élément du patrimoine, considérée comme un acte n'affectant pas gravement l'état général du patrimoine ; « mais alors l'alinéa 2e était, dans la pensée des rédacteurs du Code, l'application pure et simple du principe posé par le premier aliéna ; il faut donc toujours, dans son interprétation, le subordonner à ce principe et par conséquent refuser à la femme le droit d'aliéner, lorsque cette aliénation ne peut pas passer, même pour un acte de libre administration » (1).

Or, de nos jours, où la fortune mobilière a pris une si grande extension, serait-il juste de laisser la femme compromettre toute sa fortune mobilière dans des opérations plus ou moins aventureuses, alors que le consentement de son mari lui est indispensable pour aliéner un immeuble, si minimes que soient son importance et sa valeur ?

Non seulement une telle solution serait déraisonnable au premier chef; mais elle serait manifestement contraire à l'esprit général de la loi.

Lorsque la femme recouvre la libre administration de ses biens, le vœu de la loi est certainement qu'elle ne puisse faire aucune opération inopportune ou

(1) Léon Michel, *loco cit.*, p. 262, § 131.

excessive : « Son administration est modelée sur le type de l'administration du bon père de famille ; ainsi, peu importe que l'acte ait ou non pour objet des meubles hors d'usage ou des récoltes, qu'il ait ou non une cause nécessaire ; si d'après les circonstances de fait, l'aliénation apparaît comme utile à la conservation du patrimoine considéré dans son ensemble et n'ayant pas pour objet direct d'en altérer la composition dans une pensée de spéculation, elle sera valable en vertu de l'alinéa 2 de l'article 1449 (1). »

57. — C'est au même point de vue qu'il convient de se placer pour savoir si la conversion des titres nominatifs en titres au porteur constitue pour la femme séparée de biens un acte d'administration (la controverse ne porte pas sur la conversion des rentes sur l'Etat ; V. ordonnance du 29 avril 1831, et décret du 18 juin 1864).

La jurisprudence s'est prononcée pour l'affirmative et nous croyons qu'en cela elle n'a fait que consacrer les véritables principes de notre législation (2).

(1) Léon Michel, *loco cit.*, p. 264, § 133, — *Sic* : Dutruc, nos 332 et s. ; Guillouard, t. III, n° 1193 ; Troplong, t. II, nos 1417 et s. ; Demolombe, t. IV, n° 155. — *Contrà* : Colmet de Santerre, t VI, n° 101 *bis* ; Laurent, t. XXII, n° 301 ; Duranton, t. XIV, n° 426 ; Aubry et Rau, t. V, p. 403 et 404, § 516 ; Odier, t. I, n° 404 ; Baudry-Lacantinerie. t. III, n° 186. — V. Cass., 30 déc. 1862, S. 63.1.257 ; 25 avril 1882, S. 83.1.221 ; 2 déc. 1885, S. 86.1.225.

(2) V. Cass., 8 févr. 1870, S. 70.1.189, D. 70.1.336 ; 13 juin 1876,

Sans doute, la conversion de titres nominatifs en titres au porteur peut présenter de véritables dangers, soit dans le cas de perte ou de vol (1), soit parce qu'elle permet à l'incapable de se soustraire aux prohibitions de la loi et d'aliéner les actions ou les obligations au porteur que la loi lui défendait d'aliéner ; on n'ignore pas en effet que l'incapable cède valablement ces valeurs à des tiers, sans négociation ni transfert, et par la simple remise des titres ; le tiers cessionnaire se trouvera à l'abri de toute action en revendication par le seul fait qu'il sera en possession de ces titres et qu'il sera en mesure d'invoquer la règle de l'article 2279.

Il y a donc un véritable danger à permettre à l'incapable de convertir librement ses titres nominatifs en titres au porteur ; le législateur de 1880 le comprit si bien, qu'après avoir édicté pour le tuteur des règles restrictives à son pouvoir d'aliéner les valeurs mobilières appartenant au mineur, il le soumit, dans son article 5, à l'obligation de convertir en titres nominatifs, les titres au porteur appartenant aux mineurs et interdits, et exigea, dans son article 10, la

S. 76.1.334, D. 78.1.181 ; Paris, 12 juillet 1869, S. 69.2.321, D. 70.2.29 ; 4 mars 1875, S. 75.2.336, D. 76.2 158. V. Guillouard, t. III, n° 1197 ; Laurent, t. XXII, n° 34. V. la note de M. Lyon-Caen, sous Paris, 12juillet 1869, S. 69.2.321.

(1) V. cependant la loi du 5 juin 1872.

même capacité pour la conversion que pour l'aliénation (1).

Mais la loi du 27 février 1880 a une portée restreinte ; sans doute l'exposé des motifs et le rapport à la Chambre des députés indiquent que cet article « doit arrêter tous ceux qui n'ont pas de pouvoirs de disposition absolue » et que son principe s'applique « quel que soit le propriétaire des titres (2) ».

Lors de la première délibération devant le Sénat, le rapporteur de la Commission fut plus explicite encore ; le but du projet était d'édicter une disposition générale, qui mette fin aux inconvénients et aux dangers résultant des décisions de la jurisprudence, d'après laquelle la demande de conversion d'un titre nominatif en titre au porteur ne pouvait pas être refusée à celui qui était armé d'un droit d'administration (3).

Mais, nous répondrons qu'il faut « une disposition expresse et précise pour introduire dans une loi spéciale, concernant un objet déterminé, une règle générale, modificative du droit commun, et applicable à des personnes autres que celles pour lesquelles la loi a été faite. Dans l'espèce, les termes de l'article 10

(1) V. Buchère, *Comm. de la loi du 27 février* 1880.

(2) Exposé des motifs Bioche, *Journ. de pr.*, 1876, n° 10, 759.

(3) Séance du Sénat du 2 mai 1878, *Journal officiel*, 3 mai 1878. V. aussi : rapport de M. Jozon à la Chambre des députés, *Journal officiel*, 7 avril 1879.

n'indiquent en aucune manière que le législateur ait voulu, dans tous les cas, soumettre la conversion des titres au porteur aux mêmes conditions que leur aliénation » (1).

L'article 10 qui exige la même capacité pour aliéner que pour convertir ne peut donc pas être étendu au delà du cas pour lequel il a été rédigé ; il trouve sa place dans une loi qui ne vise que l'aliénation et la conversion des valeurs mobilières et droits incorporels appartenant à des mineurs et à des interdits, et il ne suffit pas d'une disposition accessoire insérée dans une loi, pour que l'on puisse étendre à d'autres incapables que ceux qu'elle vise spécialement, des solutions édictées en vue de cas particuliers (2).

Il est d'ailleurs impossible d'assimiler en droit, la conversion à l'aliénation ; sans doute la conversion prépare et facilite l'aliénation ; elle en constitue le préliminaire normal et obligé ; mais il n'en est pas moins vrai que l'obligation reste dans le patrimoine du propriétaire, et que la conversion ne préjuge pas nécessairement l'aliénation.

Fût-il même vrai que la conversion soit juridiquement assimilable à l'aliénation, que la conver-

(1) Buchère, *loco cit.*, § 76.

(2) V. en ce sens : Deloison, *Valeurs mobilières*, n° 210 ; Wahl, *Traité des titres au porteur*, 1891, n° 754. — *Contrà* : Lyon-Caen et Renault, *Traité*, II, n° 608.

sion constitue une « novation par changement de cause » (1), qui exigerait en conséquence de la part du titulaire inscrit au grand livre, qui réclamerait la conversion, la capacité du créancier novant sa créance, c'est-à-dire, celle d'en disposer, nous ne verrions encore alors aucun motif de refuser à la femme le droit de convertir une inscription nominative en un titre au porteur (2).

Si nous arrivons à cette solution, ce n'est pas que nous pensons que la conversion ne constitue jamais un acte d'administration, à cause du danger qu'elle présente, mais qu'en l'absence de tout texte, analogue à l'article 10 de la loi du 27 février 1880, il est impossible de l'interdire à la femme (3).

Ce n'est pas non plus parce que nous reconnaissons à la femme une entière liberté pour aliéner son mobilier sous quelque forme qu'il lui plaise (4), mais c'est parce que nous pensons que la libre administration de la femme va jusqu'à lui permettre de *mettre sa créance sous la forme qu'elle jugera la plus avantageuse* ; que le vœu de la loi est que la femme puisse accomplir en toute indépendance sur son patrimoine, tous les actes utiles et profitables à sa for-

(1) Wahl, *loco cit.*, n° 375.

(2) V. sur tous ces points, H. Lévy-Ullmann, *Essai sur les titres nominatifs* (Extrait des *Annales de Droit commercial et industriel, français, étranger et international*, février-avril 1897).

(3) Guillouard, *loco cit.*

(4) Laurent, *loco cit.*

tune personnelle, tous ceux qui sont dictés par le souci d'une sage gestion, et qui ne sont pas accomplis dans une pensée de spéculation.

Or, en nous plaçant à ce point de vue, comment nous apparaît la conversion ? Elle ne préjuge en rien l'usage qu'en fera la femme, et la raison qui l'a poussée à agir ; ce pourra être le préliminaire d'un acte de sage administration, comme aussi ce pourra être un acte de spéculation, une mesure de dilapidation rapide et sans contrôle ; mais avant que la femme aliène ses titres, avant qu'elle ne se livre à l'accomplissement de l'acte, dont la conversion n'était que le préliminaire forcé, il est impossible de savoir si, oui ou non, la conversion aura eu une raison d'être sérieuse ; *à priori*, elle ne présente aucun caractère nettement défini, et nous ne pouvons raisonnablement l'interdire à la femme séparée ; et si l'on nous objecte la facilité de transmission des titres au porteur, grâce à la protection que trouvera dans l'article 2279 le possesseur de bonne foi, nous répondrons que la règle est la même pour tous les meubles corporels, et que d'ailleurs, le danger plus ou moins grand d'un acte, la façon plus ou moins profonde dont il altère la physionomie du patrimoine, n'a jamais constitué pour nous le critérium de l'acte de l'administration, pour un individu administrant son propre patrimoine.

Qui ne voit, d'ailleurs, la multitude des procès et

des difficultés de toutes sortes qu'entraînerait l'application du principe contraire ? La femme demandant une conversion, la compagnie à qui elle s'adresse exigerait la preuve que cette conversion rentre dans les limites des droits que lui accorde la loi ; la femme sera-t-elle obligée de plaider avec la compagnie, pour faire déclarer que la conversion est demandée dans un but qui lui est utile ou avantageux ?

Concluons donc, que la femme séparée de biens pourra valablement convertir ses titres nominatifs en titres au porteur, parce que cette opération, quel que soit le danger qu'elle puisse présenter dans la suite, n'est elle-même que le préliminaire d'une aliénation, dont il est impossible *à priori*, de dire, si elle constituera ou non un acte d'administration.

58. — La même considération nous guidera pour reconnaître jusqu'à quel point, une obligation contractée par une femme séparée de biens peut constituer pour elle un acte d'administration.

Il ne faut pas dire, comme le font certains arrêts, que la femme peut s'obliger à l'infini, sauf à n'exécuter ses engagements que sur sier muoobil ; ce qui est vrai, c'est que l'obligation contractée par une femme constitue pour elle un acte d'administration, lorsqu'elle est dictée par les sages préoccupations d'une bonne gestion, lorsque c'est la sauvegarde de certains éléments du patrimoine, et le souci de lui conserver toute son intégralité qui lui ont donné naissance; le tiers contractant n'aura pas à se préoccuper de l'avantage final de l'acte et des conditions plus ou moins onéreuses de l'opération; il sera à l'abri de toute voie de recours à la seule condition qu'il s'assure que l'opération conclue est en rapport avec ses ressources, son état de fortune et qu'il n'a pas été passé dans un but de spéculation (1).

SECTION IV. — **De l'héritier bénéficiaire.**

59. — L'héritier bénéficiaire a sur les biens de la succession un droit qualifié par la loi, droit d'administration; comme le mineur émancipé, comme la femme séparée de biens, il est propriétaire; l'acceptation qu'il a faite de la succession lui en a conféré l'administration (art. 711); mais si la loi restreint ses pouvoirs, ce n'est plus, comme dans les hypothèses précédentes, dans son propre intérêt, mais dans

(1) V. Cass., 25 avril 1882, S. 83.1.221, P. 83.1.529, D. 82.1. 248; Alger, 6 juillet 1892, S. 93.2.275, D. 93.2.366. *Sic*: Troplong, t. II, nos 1410 et s.; Marcadé sur l'art. 1449, no 3; Duranton, t. II, no 492. Mais il nous semble que la jurisprudence ajoute au texte de la loi, en décidant que les obligations contractées par la femme dans la limite de son droit d'administration ne pourront être exécutées que sur ses meubles; la défense d'aliéner directement un immeuble, n'implique pas nécessairement celle de contracter des obligations exécutables sur cet immeuble.

celui de certains tiers, les créanciers et les légataires de la succession.

Quel sera pour l'héritier bénéficiaire l'acte d'administration ?

Remarquons d'abord que la sanction de l'acte passé en dehors de ses attributions est tout autre que dans les hypothèses que nous venons d'examiner ; nous avons ici un individu capable, à qui la loi concède une situation de faveur résultant de l'acceptation d'une succession sous bénéfice d'inventaire, mais dont elle exige, en même temps, comme compensation, le sacrifice de certains de ses droits ; le désavantage éventuel qui pourrait résulter pour les créanciers et légataires de la succession de cette situation faite à l'héritier trouve son dédommagement dans la renonciation de celui-ci au plein exercice de ses droits de propriétaire ; ces deux situations sont donc intimement liées ensemble ; elles s'expliquent et se conçoivent l'une par l'autre, et si l'une des deux disparaît, l'autre, n'ayant plus de raison d'être, disparaît avec elle ; quand l'héritier bénéficiaire aura outrepassé ses pouvoirs d'administrateur, cet acte n'en sera pas moins valable, mais l'héritier sera déchu de son bénéfice d'inventaire : la question que nous avons à résoudre est donc celle de savoir dans quels cas celui-ci sera réputé héritier pur et simple.

60. — Et d'abord, l'héritier bénéficiaire va-t-il nous apparaître comme un *propriétaire* ayant la capacité nécessaire pour passer tous les actes, à l'exception de ceux pour lesquels un texte formel de la loi exige certaines formalités ou bien n'est-il au contraire qu'un simple *administrateur* qui tire son droit d'une sorte de mandat légal, accepté dans l'intérêt d'autrui, qui ne laisse dès lors au mandataire que des pouvoirs restreints, et qui lui impose, pour les actes de propriété, l'obligation d'obtenir le consentement des intéressés ?

Suivant que nous adopterons l'un ou l'autre de ces deux systèmes, l'acte d'administration va nous apparaître avec des caractères différents.

L'héritier bénéficiaire,disent les partisans de cette seconde opinion,« s'est soumis volontairement à cette alternative, ou bien de restreindre l'exercice de ses droits aux pouvoirs de simple administrateur, ou bien, s'il le préfère, de reprendre les larges prérogatives de sa qualité de propriétaire, et de se déclarer ainsi héritier pur et simple ; il se trouve dans la même situation que tout propriétaire possédant un bien sur lequel plane à côté du sien un droit appartenant à autrui ; il ne peut plus, sans le consentement des intéressés, disposer de ce bien, il ne peut plus faire à son sujet aucun acte susceptible de compromettre le droit d'autrui (1) ».

(1) Saleilles, *loc. cit.*, §§ 302 et 303.

En partant de cette idée, on interdit à l'héritier bénéficiaire, en dehors des deux actes dont parle la loi (art. 805 et 806), tout acte qui, au sens de l'article 1988, peut être considéré comme acte de propriété : l'acte d'administration sera celui qui, de par sa nature même, et de par sa gravité originaire, ne constitue pas un acte de propriétaire, celui-ci supposant nécessairement la qualité d'héritier pur et simple.

Nous croyons plutôt que l'héritier bénéficiaire est surtout et avant tout un propriétaire : tous les actes qu'il accomplira seront valablement passés par lui ; mais parmi eux, il y en a quelques-uns spécialement déterminés par la loi, et qu'un texte entoure de formalités spéciales ; ces formalités, sauvegarde du droit des créanciers et des légataires, l'héritier doit les remplir, sous peine de se voir déchu de son bénéfice.

Mais de quel droit partir de ces textes, et dire que chaque fois que l'héritier aura accompli un acte de propriété au sens de l'article 1988, il sera réputé héritier pur et simple ?

Que l'on annule certaines aliénations consenties par un administrateur de la fortune d'autrui, rien n'est plus juste rationnellement et juridiquement ; mais l'héritier bénéficiaire, ne l'oublions pas, est un propriétaire, pourquoi dès lors venir décider qu'il aura commis un acte qui ne sera pas un acte d'administration, par le fait seul qu'il aura fait un acte de propriété ?

Où est la corrélation de cause à effet ? Elle n'est nulle part, ni dans le texte de la loi, ni dans son esprit : ici encore, nous rechercherons si l'acte passé par l'héritier bénéficiaire, est un acte de l'administration d'un bon père de famille, s'il était commandé par certaines nécessités de fait ou s'il semblait présenter un avantage tel qu'aucun bon père de famille n'eût hésité à l'accomplir.

61. — L'héritier bénéficiaire doit donc pouvoir accomplir librement tous les actes autres que ceux pour lesquels un texte formel de la loi exige certaines formalités spéciales ; peut-être ferons-nous cependant une exception pour ceux qui seraient en opposition manifeste avec la notion même de ses pouvoirs.

C'est ainsi que le compromis et la transaction ne constitueront pas pour l'héritier bénéficiaire des actes d'administration ; sans doute la transaction peut souvent être fort utile, puisque l'on évite, par elle, au prix d'un léger sacrifice, des pertes qui peuvent être considérables ; sans doute aussi la transaction n'est pas le plus souvent dictée par une pensée de spéculation ; ces deux considérations nous en ont fait admettre la légitimité, en ce qui concerne la femme séparée de biens ; mais, dans notre hypothèse, il y a l'intérêt des tiers qui est en jeu.

L'héritier bénéficiaire est bien propriétaire, et il convient de ne jamais perdre de vue cette qualité, quand on traite de ses pouvoirs ; c'est eu égard à cette qualité que nous lui permettrons d'aliéner les valeurs mobilières de la succession, mais le compromis et la transaction doivent lui être interdits, parce que le compromis est un fait infiniment grave en soi, puisqu'il substitue à la volonté de l'héritier, celle d'un tiers, devant les volontés duquel on s'est, par avance, engagé à s'incliner ; c'est ensuite que la transaction, pouvant, il est vrai, constituer un acte moins préjudiciable aux créanciers et aux légataires que la vente de valeurs mobilières, faite à une époque inopportune, est en soi, dans sa nature intime, un acte offrant plus de risques que l'aliénation.

Lorsqu'on aliène des valeurs, on sait immédiatement à quoi l'on s'engage, on mesure tout de suite le bénéfice que l'on réalise et la perte que l'on subit ; il n'y a pas place pour un aléa, il ne se pose aucun problème ; si en elle-même et par les motifs qui la dictent, la transaction ne constitue pas un acte de spéculation, elle en présente en fait tous les résultats. D'ailleurs, la transaction apparaît comme tout à fait inutile à la liquidation de la succession.

Cependant la jurisprudence, adoptant sur les pouvoirs de l'héritier bénéficiaire le système que nous défendons, et poussant même le principe jusqu'à ses conséquences extrêmes, a pu valablement décider que, d'après les circonstances de la cause, la transaction pouvait être considérée comme un acte de sage et prudente administration (1).

Autrefois, l'héritier qui voulait faire une transaction, demandait par requête au tribunal une autorisation donnée en Chambre du conseil ; mais en vertu de quel principe le tribunal habilitait-il un incapable au moyen d'une autorisation en dehors des cas spécifiés par la loi ?

De quel droit compromettait-il à l'avance l'intérêt des créanciers ?

Autant une pareille autorisation semble irrationnelle, autant il est équitable de décider que le tribunal peut, après coup, sur la plainte des créanciers, ratifier ou non une transaction, selon qu'elle préjudicie ou non aux créanciers de la succession, décider aussi, d'une façon plus générale, que, dans le cas où il ne peut obtenir l'assentiment de tous les créanciers, l'héritier bénéficiaire peut agir à ses risques et périls, quitte à se voir, soit déclarer héritier pur et simple, soit condamner à des dommages-intérêts au profit des créanciers de la succession.

62. — Les aliénations doivent être remises à l'héritier bénéficiaire, parce qu'elles ne constituent que le développement naturel de son administration.

(1) Toulouse, 16 mars 1882, S. 83.2.73. Note de M. Labbé.

Cependant deux exceptions à cette règle sont édictées par les articles 805 et 806 du Code civil en ce qui touche *l'aliénation des immeubles et des meubles corporels*. Une autre exception résulte de l'article 989 du Code de procédure qui ordonne la vente aux enchères des *rentes sur particuliers*.

Un avis du Conseil d'Etat du 11 janvier 1808 a de plus déclaré applicable à l'héritier bénéficiaire la loi du 24 mars 1806 sur le transfert des rentes sur l'Etat.

Les titres de rentes sur l'Etat, considérés comme offrant un placement de toute sécurité, avaient paru pouvoir constituer une partie sérieuse de la fortune des mineurs, et l'on comprit qu'il était nécessaire de sauvegarder d'une manière toute spéciale la propriété de ces valeurs : défense fut faite aux tuteurs et curateurs et à l'héritier bénéficiaire de vendre, les premiers sans l'autorisation du conseil de famille, le second, sans l'autorisation du tribunal, aucune inscription de rente supérieure à 50 francs.

Plus tard un décret du 25 septembre 1813 déclara la loi du 25 mars 1806 applicable aux mineurs ou interdits propriétaires d'actions ou de portions d'actions de la Banque de France et ne permit aux tuteurs de procéder à la vente de ces valeurs sans autorisation du conseil de famille, que lorsque ces incapables ne posséderaient qu'une seule action, ou un droit dans plusieurs actions, n'excédant pas une action entière; par analogie, on appliqua ce décret à l'héritier bénéficiaire (1).

Mais depuis est intervenue la loi de 1880 qui a abrogé la loi de 1806, et la jurisprudence, suivant le parallélisme que l'avis de 1808 avait fait entre le mineur et l'héritier bénéficiaire, a décidé que ce dernier ne pourra aliéner des rentes sur l'État, même d'un total inférieur à 50 francs, sans l'autorisation du tribunal (2).

Mais l'arrêt de 1881 qui est intervenu dans ces conditions, ne doit pas trouver sa justification dans cette raison, que la loi de 1806 étant abrogée, les principes du Code devaient reprendre leur empire, et que ceux-ci défendaient l'aliénation des meubles incorporels à celui qui n'est armé que d'un droit d'administration ; il devait au contraire avoir pour but de maintenir une situation identique pour le mineur et pour l'héritier bénéficiaire ; telle fut du moins la pensée de M. le Procureur général Bertauld ; d'après lui « les pouvoirs de l'héritier devaient également refléter les diverses phases législatives par lesquelles pourraient passer même dans l'avenir les pouvoirs du tuteur ; le parallélisme établi par la loi de 1806 devait toujours se maintenir » (3).

(1) Demolombe, t. XV, n° 279 ; Demante, t. 3, n° 128 *bis* ; Bertin, *Ch. du conseil*, t. I, n° 126.

(2) Cass., 4 avril 1881, S. 81.1.1206, D. 81.1.241.

(3) V. Saleilles, § 315.

Si la Cour n'a pas suivi cette interprétation à la lettre, elle arrive à la même conclusion en prenant pour principe l'interprétation légale faite par l'avis du Conseil d'État de l'article 805 du Code civil ; l'avis déclare, qu'en vertu de ce principe, l'héritier étant un administrateur n'a pas le droit de vendre les rentes, sauf la restriction édictée par la loi de 1806.

Sans doute, répondons-nous, l'héritier est un administrateur, mais il est aussi un propriétaire, et si l'aliénation des rentes lui est interdite, c'est, non parce que son titre d'administrateur ne lui permet pas d'aliéner valablement les meubles incorporels, mais parce que les rentes sur l'Etat ont de tout temps fait l'objet d'une sollicitude toute spéciale de la part du législateur.

L'arrêt de 1881 se garde bien de généraliser l'hypothèse qui lui est soumise à tous les cas d'aliénation de meubles incorporels, et sa décision ressemble dès lors à une décision d'espèce ; il limite sa solution au cas spécialement prévu par l'avis du Conseil d'État de 1808, c'est-à-dire, à l'aliénation des rentes sur l'État, et par extension d'actions de la Banque de France ; par suite, on ne saurait conclure que l'héritier bénéficiaire est tenu de se munir d'une autorisation de justice pour la vente des valeurs mobilières quelconques, actions, obligations de société.

Peut-être même aurait-il mieux valu décider franchement que la loi de 1806 étant abrogée, et avec elle, l'avis du Conseil d'État du 11 janvier 1808, l'héritier bénéficiaire n'a plus besoin d'aucune autorisation de justice pour transférer les meubles incorporels, même les rentes sur l'État ; en effet, il est propriétaire et doit avoir, à ce titre, le droit de disposer des biens de la succession : il ne doit pas y avoir d'autres restrictions à ses pouvoirs que celles résultant d'un texte formel (1).

63. — Notre critérium de l'acte d'administration pour l'héritier bénéficiaire sera donc encore ici l'acte de l'administration du bon père de famille ; nous croyons que cette idée est assez puissante et s'étend assez loin pour valider la vente des meubles corporels accomplie dans cette mesure, alors même que cette vente n'a pas été entourée des formalités requises par la loi.

Cette conclusion nous est dictée, non seulement par suite du fondement rationnel qui nous a fait adopter le principe, mais encore par la différence de rédaction qui existe entre les articles 988 et 989 du Code de procédure. « L'héritier bénéficiaire sera réputé héritier pur et simple, s'il a vendu des immeubles sans se conformer aux règles prescrites par le

(1) Nous n'examinons pas, comme ne rentrant pas dans le cadre de notre étude, les difficultés que soulèverait ce fait que l'héritier bénéficiaire est un mineur. V. Cass., 13 août 1883, P. 84. 1.103 ; S. 84.1.177, et la note de M. Lyon-Caen.

présent titre. » Ainsi s'exprime l'article 988 ; au contraire, l'article 989 dispose : « s'il y a lieu à faire procéder à la vente du mobilier et des rentes dépendant de la succession, la vente sera faite suivant les formes prescrites pour la vente de ces sortes de biens, à peine contre l'héritier bénéficiaire d'être réputé héritier pur et simple ».

Le seul fait pour l'héritier d'avoir procédé à une vente volontaire d'immeubles, sans remplir les formalités exigées,est une présomption suffisante qu'il a entendu renoncer au bénéfice d'inventaire ; au contraire quand il s'agit de la vente des meubles dont quelques-uns peuvent avoir une valeur insignifiante, les tribunaux doivent avoir une liberté d'appréciation assez grande pour ne pas être contraints de considérer comme héritier pur et simple, celui qui s'est borné à accomplir une vente de meubles, dans des conditions où cet acte, loin d'être passé dans une intention malveillante contre les créanciers de la succession, constitue au contraire une mesure de prudence et de sage administration (1).

(1) Léon Michel, § 122. V. *arrêt et rejet*, 27 décembre 1820, S. 21. 1. 385 ; Rouen, 30 avril 1828, S. 30. 2. 127 ; Cass., 1er juillet 1856, S. 56.1.785. Coin-Delisle, *Revue critique*, t. 12, année 1859, nos 112 et s., no 33.

Résumé et vue d'ensemble sur la question.

64.— Si nous jetons les yeux en arrière pour tenter de donner une conclusion à ce débat, et essayer d'en dégager une idée principale, nous voyons que le Code, dans les textes qui ont trait aux administrations que nous venons de passer en revue, établit entre elles des différences si marquées qu'il semble qu'on ne puisse, à aucun moment, les confondre les unes avec les autres, et qu'il soit téméraire de vouloir les ramener à un seul et même principe.

La pure administration du mineur émancipé, en effet, se distingue nettement, de par les termes mêmes qui la désignent et les textes qui la régissent, de *la libre administration* de la femme séparée, laquelle de son côté semble mal s'identifier avec l'administration, sans aucune épithète, de l'héritier bénéficiaire.

Mais, en allant au fond même des choses, par suite du courant naturel des idées, et grâce à une sage évolution de la jurisprudence qui, dans toute cette matière, joue un rôle prépondérant, et par là, prépare le terrain au législateur de l'avenir, les différences et les antinomies, qui au premier abord paraissent profondes et irréductibles, ne tardent pas à s'atténuer ; on voit les actions en nullité, en rescision ou en réduction fonctionner à peu près dans les hypothèses et il devient dès lors essentiel de bien mettre en évidence les quelques principes généraux très simples auxquels peut se ramener, dans les différents cas que nous examinons, la notion de l'administration.

Nous savons qu'en ce qui concerne le mineur émancipé, la loi fait la distinction entre *le capital* et *le revenu* ; l'acte de pure administration est, en principe, celui qui porte sur ce dernier élément du patrimoine.

Même accompli dans la limite de la pure administration, l'acte passé par le mineur émancipé, s'il présente certains caractères d'inopportunité, d'excès, est soumis à la réduction : c'est une faveur de plus qu'on lui accorde, c'est un surcroît et comme un complément de protection qui lui sont concédés ; l'acte vaudra comme acte de pure administration ; mais il sera réduit et ramené à de justes limites.

Indépendamment de ces actes, le mineur émancipé est un incapable ; la cause de nullité des actes passés par lui semble devoir être précisément son incapacité. Le recours de l'action en rescision ne lui sera néanmoins accordé que dans les cas où il pourra prouver la lésion.

Quant à la femme elle n'aura jamais le recours de

l'action en réduction, ni celui de l'action en rescision ; l'action qui, pour elle, s'opposera à l'acte d'administration, ce sera l'acte de spéculation ; c'est par la notion de spéculation que sera limité le champ de l'activité juridique de la femme ; si tels actes passés par la femme tombent sous le coup de la nullité, ce n'est pas parce que la femme est incapable, mais plutôt parce qu'ils ne répondent pas à la notion de son droit d'administration. En outre, la puissance maritale sera un nouvel élément qui entrera en ligne de compte, et qui permettra au mari d'exiger la nullité des actes passés par la femme, en violation des règles du Code.

En ce qui concerne l'héritier bénéficiaire, son administration doit en principe être modelée sur l'administration du bon père de famille ; la sanction de l'acte passé au mépris de ce principe, sera pour lui, la déchéance de son bénéfice et l'attribution du titre d'héritier pur et simple.

Ces trois administrations ainsi définies, nous croyons que la nullité d'un acte passé par la femme interviendra, sauf quelques exceptions, dans les mêmes conditions et aura en fait le même résultat que l'action en réduction et que l'action en rescision intentées par le mineur émancipé, et que la déchéance, encourue par l'héritier bénéficiaire.

Supposons une seule et même opération, conclue dans des circonstances identiques par un mineur, par une femme séparée de biens, et par l'héritier bénéficiaire.

Supposons un *immeuble pris à bail*, dans des conditions avantageuses en soi, mais inopportunes vu les circonstances de la cause, et excessives, par rapport aux ressources dont on peut disposer.

Le mineur émancipé intentera valablement l'*action en réduction* ; car on est certainement dans l'hypothèse prévue par l'article 484. On sait en outre que la jurisprudence accorde la réduction pour le tout, de telle sorte que son résultat se confond avec celui de l'action en nullité.

La femme, dans cette même hypothèse, en raison du manque d'opportunité de l'acte et de son caractère aventureux, sera armée de l'action en nullité (nous avons vu sur quels principes se basait l'administration de la femme) et par application des règles que nous avons développées à ce sujet, l'héritier sera déclaré héritier pur et simple ; voilà une première hypothèse où le simple jeu des principes nous conduit en fait pour le mineur, pour la femme séparée, et pour l'héritier bénéficiaire, à des solutions identiques.

Supposons maintenant un placement désavantageux qui fait éprouver une perte au patrimoine de l'incapable, sans qu'il soit intervenu aucune idée de spéculation, et sans que la moindre faute, la moindre imprudence puissent être reprochées à l'incapable.

Le mineur émancipé intentera-t-il valablement l'action en rescision ? Il est permis d'en douter ; sans doute il y a lésion ; sans doute encore, celle-ci résulte de l'acte lui-même, en ce sens que, si celui-ci n'avait pas été accompli, le patrimoine du mineur émancipé n'aurait pas eu à la subir. Mais il faut se garder d'étendre cette notion de lésion à des hypothèses où elle ne trouve pas son application ; plus spécialement, dans le cas que nous envisageons en ce moment, nous supposons que la lésion résulte d'un cas imprévu ; c'est donc l'article 1306 qui sera en jeu ; comme on l'a fort bien dit : « la loi a voulu protéger les mineurs contre leur propre faiblesse, et non contre les accidents, cas fortuit ou de force majeure, dont les personnes capables ne peuvent pas se garantir elles-mêmes ».

Là où il n'y a aucune imprudence imputable au mineur émancipé, quand bien même il y aurait lésion, le secours de l'action en rescision lui sera refusé ; l'acte sera maintenu.

Dans la même hypothèse, la femme séparée, elle aussi, aura valablement agi ; celle-ci en effet est incapable ; mais incapable de quoi ? De passer des actes que n'aurait pas accomplis un bon père de famille ; or ici, rien de semblable ; nous savons en effet que l'administration du bon père de famille, *in abstracto*, n'est pas à l'abri de tout acte lésif ; ce qu'il faut considérer, ce sont les conditions dans lesquelles l'acte s'est accompli, et le degré d'opportunité qu'il présentait ; l'acte n'impliquant aucune faute, aucune imprudence, vaudra comme acte d'un bon père de famille ; il ne sera passible d'aucune voie de nullité.

Enfin, dans la même hypothèse, l'héritier ne sera pas déchu de son bénéfice d'inventaire.

Telle est une deuxième hypothèse, où le seul jeu des principes conduit encore à des solutions semblables.

Enfin, prenons un troisième exemple : la femme séparée, le mineur et l'héritier ont compromis une partie de leur fortune dans des jeux de bourse ; leurs prévisions ont été trompées ; l'opération se solde par un déficit.

Ici, comme dans les deux premiers cas, mêmes solutions applicables aux trois administrateurs.

Pour le mineur on est dans les termes de l'article 1305 ; le mineur était sans droit pour engager un capital mobilier ; il est incapable de se léser, il aura la rescision ; la femme mariée aura la ressource de l'action en nullité parce qu'une telle opération répond au premier chef à la notion de spéculation.

Quant à l'héritier bénéficiaire, il se verra privé de son bénéfice.

Supposons au contraire une spéculation heureuse;

l'opération pour le mineur sera valable ; quant à la femme, la notion de spéculation dominant le principe de son administration, le mari aura toujours le droit de faire tomber l'acte et d'intenter l'action en nullité.

L'héritier sera réputé héritier pur et simple, car une telle opération, quel qu'en soit le résultat, semble indiquer suffisamment la renonciation au bénéfice d'inventaire.

En résumé la seule différence que l'on puisse en fait relever entre les résultats qu'entraîne le droit à la pure administration du mineur émancipé et le droit à la libre administration de la femme séparée, se trouve uniquement dans la considération de la puissance maritale qui fera que le mari pourra faire tomber un acte qui présente pour la femme le caractère prohibé, alors même qu'il est avantageux pour l'ensemble de son patrimoine (voir le cas d'une spéculation heureuse).

CHAPITRE II

DES ADMINISTRATEURS DU PATRIMOINE D'AUTRUI, DANS LES HYPOTHÈSES OU LE PROPRIÉTAIRE EST EN ÉTAT D'AFFIRMER SON DROIT DE PROPRIÉTÉ.

65. — Il nous reste à examiner maintenant les hypothèses où se rencontre la notion de l'administration, en ce qui concerne un individu muni d'une telle charge sur le *patrimoine d'autrui.*

Un individu, dans l'impossibilité où il va se trouver de pourvoir à la gestion de sa fortune, nomme un tiers à la tête de ses biens, et lui donne le mandat de les faire fructifier au mieux de ses intérêts ; mais il néglige de préciser la portée exacte de la convention ainsi passée ; en l'absence de toute clause restrictive ou extensive des pouvoirs du mandataire, l'article 1988 nous apprend que celui-ci devra se borner à n'accomplir sur le patrimoine du mandant *que des actes d'administration*.

Quel sera, pour le mandataire, le critérium grâce auquel il sera assuré de ne pas avoir transgressé la limite de ses droits ? Quand aura-t-il obligé le mandant ? Quand aura-t-il fait acte d'administration ?

Ailleurs, ce sera la loi elle-même qui, pour des motifs variables, désignera un administrateur chargé de veiller aux intérêts de certaines personnes et de prendre pour elles toutes les mesures de précaution qu'exige une sage et habile gestion.

Tel sera notamment le cas de l'envoyé en possession provisoire des biens d'un absent (art. 125) ; celui du père, administrateur légal des biens de ses enfants (art. 389) ; celui du tuteur (art. 450), tel encore le cas du mari, administrateur des biens de la communauté (art. 1421), administrateur des propres de sa femme, sous ce même régime de la communauté (art. 1428), administrateur encore sous le régime sans communauté (art. 1530 et 1535), administrateur enfin des biens dotaux (art. 1549).

Les pouvoirs de tous ces administrateurs seront-ils les mêmes ? Auront-ils une capacité uniforme, et n'y aura-t-il pour eux qu'un seul et même acte d'administration ?

Le droit de l'administrateur trouvera le plus souvent au-dessus de lui, comme s'exerçant d'une façon latente, et le contraignant à une certaine réserve, le droit plus puissant du propriétaire.

L'administrateur du patrimoine d'autrui, cela est certain, devra se voir refuser le droit à la passation de certains actes, parce qu'ils revêtent un caractère trop personnel, ou que, compromettant trop gravement le patrimoine, ils engagent trop avant la responsabilité du propriétaire, pour que l'on puisse supposer qu'en l'absence de toute clause spéciale à cet égard, il ait entendu laisser à l'administrateur le droit de les accomplir en toute liberté.

« Le témoignage éclatant d'une confiance absolue, doit être écrit dans les termes les plus formels et les moins équivoques » (1).

Mais cette notion d'administration ne se rencontre que dans les hypothèses où le droit du propriétaire est en état de se faire jour, soit qu'il soit capable en fait de manifester une volonté et d'empêcher par là un trop grand empiétement des pouvoirs de l'administrateur sur ses propres pouvoirs, soit qu'il ait été institué par la loi, d'une façon permanente, une autorité chargée de suppléer au défaut de volonté du propriétaire, et à laquelle l'administrateur devra en référer.

L'administrateur ne doit trouver d'autre limite à son droit, que le respect dû à celui du propriétaire ; là où ce dernier fait défaut, le premier acquiert en étendue et en puissance, ce que l'impossibilité où il se trouve de s'affirmer, fait perdre au second ; le premier doit alors logiquement aller jus-

(1) Bertrand de Grenille. V. Locré, t. 6, nos 85 et s.

qu'à remplacer complètement le second, le couvrir et l'absorber au point qu'il doive désormais pouvoir s'étendre jusqu'à l'accomplissement de tous les actes que le propriétaire pourrait faire lui-même.

SECTION I. — Du mandataire conventionnel.

66. — Nous commencerons par examiner les cas où le propriétaire est présent, capable de manifester une volonté, là, en un mot, où l'administration n'a pas pour effet de suppléer à une incapacité naturelle ; tel nous paraît être le cas du mandataire conventionnel, tel aussi le cas du mari, administrateur des biens propres de sa femme.

Ce dernier tient, il est vrai, son droit de la loi ; mais c'est par suite d'une présomption de volonté, à laquelle les parties sont toujours libres de déroger (1).

L'administration du mari sur les biens de la femme aura son correctif, dans le droit de propriété de la femme elle-même ; qu'il s'agisse du mandataire conventionnel ou du mari, le point de vue sera le même ; la femme aura donc son tour de parole ; elle conserve dans toute sa force son droit intangible de proprié-

(1) Toullier, t. 12, n° 380 ; Battur, t. 2, n° 550 ; Rodière et Pont, t. 1, n° 68 ; Troplong, t. 1, n° 66 ; Aubry et Rau, t. 5, § 504 ; p. 267 et § 510, p. 543 ; Massé et Vergé, t. 4, § 637, note 3, p. 52 ; Marcadé, art. 1428, n° 50.

taire ; le mari devra obtenir son assentiment pour toute une série d'actes, et ses pouvoirs seront nécessairement circonscrits par les prérogatives qui s'attachent au droit de propriété de la femme.

On pourrait songer à contester ce point de vue, et prétendre que le droit d'administration du mari a sa cause dans une incapacité naturelle de la femme : ce serait inexact.

L'incapacité de la femme mariée et le droit d'administration du mari qui en est la conséquence, ont en effet une cause toute spéciale ; sans les besoins sociaux et économiques qui la sollicitent, elle ne se concevrait pas ; on a fort bien analysé les éléments qui constituent le fondement de cette incapacité. Sans vouloir traiter à fond la question qui n'entre pas dans le cadre de notre sujet, il est permis de se demander, avant d'étudier l'acte d'administration du mari sur lui-même, quel est le fondement rationnel de ce droit d'administration et comment il peut se défendre (1).

On a réfuté le système d'après lequel cette incapacité aurait pour cause la nécessité de maintenir l'harmonie au sein du mariage ; l'incapacité de la femme en effet se fait jour dans deux hypothèses bien distinctes : ou bien, elle apparaîtra à propos de certains droits dont la femme, par l'effet du contrat de ma-

(1) V. Beudant, *L'Etat et la capacité des personnes*, t. 1er, p. 476.

riage librement adopté, a délégué l'exercice à son mari ; et, ici « ce n'est pas parce qu'elle est incapable qu'elle ne les exerce pas, c'est parce qu'elle s'est retiré le pouvoir de le faire » (1).

Ou bien, elle naîtra à propos d'intérêts qui ne sont pas devenus communs, que la femme s'est réservés comme propres ; et alors, ce ne peut être le désir de l'unité de direction conférée au mari dans l'intérêt de la paix et de la bonne harmonie du mariage, qui aura édicté cette incapacité, puisqu'elle n'apparaîtra précisément qu'à propos d'intérêts, qui sont en dehors de la communauté de vues et d'intérêts que doit être le mariage.

La nécessité de l'autorisation n'est pas davantage un ancien vestige de la puissance maritale, le mundium germanique, d'où découlait un état d'infériorité manifeste pour la femme (2) puisque l'action en nullité appartient à la femme elle-même, et que l'autorisation du mari, peut dans certains cas être remplacée par l'autorisation de justice.

Sa raison d'être n'est pas non plus dans l'inexpérience habituelle des femmes ; cette idée qui donna naissance à Rome à la tutelle perpétuelle des femmes n'est plus aujourd'hui celle de notre droit français ; car si l'incapacité de la femme n'est qu'une mesure

(1) Beudant, *loco cit.*

(2) Ducaurroy, Bonnier, Roustain, *Comm. du Code Napoléon*, I, p. 234.

de protection à son égard, tenant à la faiblesse inhérente à son sexe, pourquoi la femme non mariée, divorcée ou veuve, serait-elle pleinement capable et pourquoi le mari serait-il lui aussi armé de l'action en nullité ?

La considération à laquelle semble avoir obéi notre droit moderne lorsqu'il a édicté l'incapacité de la femme mariée, paraît avoir été une pensée de protection de la famille ; la loi a voulu empêcher que la femme pût compromettre un patrimoine, qui est destiné à devenir un jour celui de ses enfants (1).

D'après notre loi française, le régime matrimonial légal, celui sous lequel tombent les époux en l'absence de toute convention de leur part, est précisément celui sous lequel les intérêts des deux époux se trouvant liés de la façon la plus intime et la plus indissoluble, la femme ne conserve qu'exceptionnellement la propriété de ses biens ; le mari est chef de la communauté et son droit, qualifié droit d'administration, va jusqu'à lui permettre de faire tous actes autres que les actes de disposition à titre gratuit, art. 1422.

Mais il nous semble que le véritable droit d'administration du mari, tel que nous l'avons défini, ne se rencontrera avec toute sa force et son caractère pro-

(1) Beudant, *loc. cit.*; Valette, *Cours de droit civil*, p. 332.

pre que là où la femme conserve la propriété de tous ses biens ; et, s'il est vrai que le droit d'administration du mari trouve sa justification dans une pensée de protection de la famille, il faut reconnaître que les législations modernes ont donné à ce système une singulière force, en venant en corroborer le principe de toute l'autorité de leurs récentes solutions.

Puisque l'administration du mari, n'existe que là où la femme conserve la propriété de ses biens, et puisque cette administration est inspirée par des préoccupations supérieures de justice sociale, il faut décider que plus l'administration du mari sera étendue, plus ces principes auront été respectés.

Nous n'entendons pas dire qu'un bon système législatif se reconnaîtra au plus ou moins de pouvoirs attribués au mari, mais, ce qui est bien différent, au plus ou moins grand nombre de biens auxquels s'appliquera son administration.

C'est ainsi que nous voyons le nouveau Code civil allemand faire une très heureuse application de cette théorie, en adoptant, comme régime légal, un régime qui se rapproche de notre régime sans communauté (art. 1530 à 1535), et sous lequel l'administration de tous les biens de la femme est mise entre les mains du mari, sous déduction de ce que la femme gagne par son travail. Ce régime, sous lequel la femme conserve la propriété de tous ses biens, a reçu, en raison des pouvoirs conférés au mari, le nom significatif de *communauté d'administration* (*Verwaltungsgemeinschaft*) (1).

Quoi qu'il en soit, notre Code n'a pas cru devoir adopter ce système, mais sous tous les régimes (sauf celui de la séparation de biens, art. 1449) le mari a l'administration des biens que la femme a pu se réserver comme propres.

Nous connaissons la raison d'être de ce droit d'administration ; il nous reste à examiner maintenant quel sera pour le mari, l'acte d'administration, celui qu'il accomplira sur les biens propres de sa femme, sans franchir les limites de son droit.

Nous commencerons donc par étudier les éléments constitutifs de l'acte d'administration *pour le mandataire conventionnel et pour le mari, administrateur des biens propres de sa femme,* c'est-à-dire dans deux hypothèses où le droit de l'administrateur trouvera au-dessus de lui le droit du propriétaire capable de s'affirmer, qu'il devra se garder de contrarier sous peine d'outrepasser son droit.

(1) Nouveau Code civil allemand. Traduction de Meulenaere, art. 1363 et s.

67. — Et d'abord, comment le patrimoine va-t-il nous apparaître ?

On ne peut ici le considérer, comme cela était concevable dans un système précédemment énoncé, comme une masse abstraite, dont l'administrateur a charge et pouvoir de conserver toujours et d'augmenter, s'il le peut, la valeur nominale.

Ce ne sera pas davantage cette réunion de biens sur lesquels le droit de l'administrateur s'exerce et se poursuit à la façon du droit du bon père de famille.

Si tel pouvait être, dans une certaine mesure, le point de vue auquel nous nous placions tout à l'heure, c'est qu'il s'agissait d'individus administrant eux-mêmes leur patrimoine, et réduits par la loi au rôle d'administrateurs dans leur propre intérêt ou dans celui de certains tiers ; dans tous les cas, il était question d'un propriétaire, auquel la loi, dans un but de protection sociale, facile à comprendre, retirait quelques-unes des prérogatives attachées d'ordinaire au droit de propriété.

L'intérêt de ces incapables ou celui des tiers, spécialement visés par la loi, combiné à certaines considérations économiques dont il a fallu tenir compte, et mis d'accord avec quelques présomptions posées par le législateur, devait donc seul marquer la limite de leur droit d'administration.

Mais, dans les hypothèses que nous examinons

maintenant, la question se pose tout différemment.

Le patrimoine ici nous apparaît comme une réunion de biens, meubles et immeubles, droits mobiliers et immobiliers ; ces différents éléments se présentent avec leur caractère propre, et une valeur que seul a le droit d'évaluer, celui qui en est le propriétaire. Un bien ne vaut en effet que par l'estimation qu'on en fait, l'intérêt qu'on y apporte, et le prix qu'on y aptache ; ces considérations étant essentiellement personnelles au propriétaire, ce sera lui qui, avec ses goûts, ses habitudes, ses convenances personnelles, sera seul juge de l'opportunité de l'aliénation de tel ou tel élément de son patrimoine ; à lui seul, semble-t-il, doit donc appartenir le droit d'en modifier la physionomie.

« Ainsi le patrimoine n'est pas une masse abstraite ; sa composition concrète a une telle importance, même aux yeux de la loi, que notre régime successoral, a voulu, non seulement atteindre à l'égalité en valeurs entre héritiers copartageants, mais assurer même l'identité en nature des lots qui doivent leur être attribués (art. 832). C'est donc un petit monde, à la physionomie originale et variée, dont chacun tire parti selon ses aptitudes et ses convenances ; on peut en changer l'harmonie et la composition, sans en abaisser la valeur réelle, ce qui cependant ne saurait empêcher toute transformation de cette espèce, d'être pour le propriétaire une cause de trouble pour le présent et, peut-être, de préjudice pour l'avenir » (1).

Allons-nous dire que pour le mandataire conventionnel et pour le mari, l'acte d'administration sera celui qui n'entraînera pas avec lui l'aliénation d'un bien ? mais on sait l'impossibilité juridique de concevoir un acte qui ne nécessite pas au moins une aliénation partielle d'un élément quelconque du patrimoine (sauf peut-être pour les actes purement conservatoires).

Remarquons d'ailleurs la rédaction de l'article 1988 ; décide-t-il que toute aliénation sera d'une façon générale et absolue interdite à l'administrateur ?

En aucune façon. Il dit tout autre chose : « S'il s'agit d'aliéner ou d'hypothéquer, ou de quelqu'autre acte de propriété, le mandat doit être exprès. » Voilà comment s'exprime l'article 1988 ; ce qu'il interdit à l'administrateur, ce n'est pas tout acte de disposition, c'est *tout acte de propriété*.

Ces deux termes sont loin d'exprimer la même idée : tel acte de disposition sera ou non, suivant les circonstances, un acte de propriété ; tel autre ne le sera jamais ; à l'inverse, un acte de propriété ne sera pas nécessairement un acte de disposition.

(1) Saleilles, *loco cit.*, § 108.

Acte de propriété, acte d'administration, voilà les deux termes qu'il faut opposer l'un à l'autre ; il n'y a pas place pour une troisième catégorie d'actes ; cette alternative épuise tous les actes juridiques qui peuvent se concevoir, et qui, de toute nécessité, constitueront soit un acte de propriété, soit un acte d'administration.

Acte de propriété ; en analysant les termes mêmes de cette expression, on aperçoit que le législateur, en adoptant cette dualité de pouvoirs, a été guidé par cette considération qu'au seul propriétaire devait appartenir le droit d'accomplir sur le patrimoine, certains actes qui, en modifiant profondément la physionomie, constituent un attribut inséparable du droit de propriété.

Tout ce qui semblera au législateur pouvoir se détacher de ce droit de propriété, sans qu'il en soit altéré, dans son caractère propre, tout ce qui peut se concevoir comme n'en découlant pas nécessairement, sera acte d'administration.

On pourrait dire que ce n'est pas au point de vue objectif mais au point de vue subjectif que le législateur s'est placé ; et la division des actes en actes de propriété, d'une part, en actes d'administration de l'autre, nous apparaît comme tirée, moins de la nature de ces actes, indépendamment de ceux qui les accomplissent, que des pouvoirs eux-mêmes qui leur *sont conférés* ; le lien qui unit un propriétaire et un administrateur aux éléments du patrimoine, fait qu'ils sont munis de ces pouvoirs, et qu'ils sont les seuls à les posséder.

C'est, en un mot, *la relation juridique qui existe entre un individu et les éléments du patrimoine, qui fera qu'un acte sera compris parmi les actes de propriété ou sera classé, au contraire, dans la catégorie des actes d'administration.*

Le problème ainsi posé, il nous reste à nous demander quels sont ces attributs qui doivent nécessairement demeurer entre les mains du propriétaire ; autrement dit en quoi exactement consistera le pouvoir d'administration, confié au mandataire conventionnel ou au mari, administrateur des biens propres de sa femme ?

68. — Administrer, c'est tout d'abord, et avant tout, traiter les biens suivant leur destination naturelle, en s'inspirant, non pas de pures circonstances de fait, mais de la nature même des choses ; c'est exprimer des éléments du patrimoine tout ce qu'il est possible d'en retirer, tout en respectant, dans son identique individualité, la nature intime de chacun de ces éléments : c'est faire jouer à chaque bien le rôle que son caractère juridique propre lui fait une nécessité de remplir.

Quoi de plus rationnel en effet, et de plus juridique en même temps que de supposer que le propriétaire, absent ou empêché pour une cause quelconque de conduire ses affaires, en dehors de l'hypothèse d'un mandat spécial, a entendu confier au mandataire administrateur, le soin de faire subir à chaque élément du patrimoine, d'après son caractère propre, sa fonction normale et régulière.

Toutes les fois, au contraire, qu'il s'agira de faire jouer à un élément du patrimoine un rôle que sa nature juridique ne semblait pas devoir lui faire jouer, toutes les fois qu'un bien sera détourné de sa destination, il y aura un empiétement du droit de l'administrateur sur celui du propriétaire.

L'acte qui ne constitue pas une innovation, un changement, celui qui dérive naturellement de la nature même des choses, et qui semble en constituer le mode de gestion normal, celui-là sera l'acte d'administration.

69. — Remarquons que l'on pourra parfaitement envisager l'acte d'administration en soi ; nous repoussons donc la théorie de Pothier sur le mandataire conventionnel, d'après laquelle l'acte accompli par lui, dans les limites de son droit, serait l'acte qui au moment où il a été passé, et d'après les circonstances de la cause, présentait un certain caractère d'utilité.

Il nous semble qu'avec ces idées, on en arriverait forcément à confondre *l'acte d'administration de l'article* 1988 *avec l'acte de gestion d'affaires de l'article* 1375.

Tout acte, qui, au moment où il a été accompli, offre un caractère d'utilité, alors même qu'il implique de la part de celui qui le passe, la substitution de sa volonté à celle du propriétaire, alors même qu'il détourne un élément du patrimoine de sa destination naturelle, constituera un acte de gestion d'affaires.

C'est bien là ce que nous apprend l'article 1375 : « Le maître, dont l'affaire a été bien administrée, doit remplir les engagements que le gérant a contractés en son nom, l'indemniser de tous les engagements personnels qu'il a pris, et lui rembourser toutes les dépenses utiles ou nécessaires qu'il a faites. »

Il semble, il est vrai, à première vue, y avoir antinomie entre l'article 1375 et l'article 1998 : « Le mandant est tenu d'exécuter les engagements contractés par le mandataire, conformément au pouvoir qui lui a été donné. Il n'est tenu de ce qui a pu être fait au delà qu'autant qu'il l'a ratifié expressément ou tacitement. »

En s'appuyant sur ce dernier texte, on peut dire que, chaque fois que le mandataire aura outrepassé ses pouvoirs, chaque fois qu'il aura accompli un acte qui, aux yeux de l'article 1988, ne constitue pas un acte d'administration, il n'aura pas engagé le mandant; celui-ci aura la faculté de décharger le mandataire des obligations contractées par lui, comme, au contraire, il conservera le droit de ne pas se solidariser avec lui, de ne pas reconnaître pour valable l'engagement qu'il aura pris; il ratifiera ou ne ratifiera pas, selon que son intérêt lui conseillera l'un ou l'autre.

Toujours d'après l'article 1998, il y aura tels actes, déterminés, une fois pour toutes, qui rentreront dans la notion de l'administration. Hormis ces actes, ceux qu'accomplira le mandataire, alors même qu'ils présenteraient un caractère d'utilité ou d'urgence incontestée, sont en dehors de ses pouvoirs; ils ne pourront pas être imposés de force au mandant; seule sa ratification les fera siens.

Mais, d'un autre côté, l'article 1375 vient nous dire que le caractère d'utilité que présentera un acte quelconque fera une obligation pour celui dont l'affaire a été bien gérée, d'accepter cet acte avec toutes ses conséquences, et de décharger le gérant d'affaires de toutes les obligations qu'il aura contractées.

D'après l'article 1375, il n'y a donc pas d'acte d'administration en soi, puisqu'en l'absence même de toute ratification, un acte utile pourra quelquefois contre son gré, être imposé de force au maître;

l'acte d'administration sera donc une pure question de fait, qui varie suivant les circonstances et suivant les espèces.

La conciliation de ces deux articles, la question de savoir où finit l'acte d'administration, et où commence l'acte de gestion d'affaires ont donné lieu, en doctrine, à des controverses assez délicates.

On a essayé d'abord d'argumenter du mot administrer, qui se trouve dans l'article 1375, pour prétendre que la gestion d'affaires avait, en principe, la même sphère d'application que l'administration, que toutes deux avaient surtout pour objet des obligations contractées en vue de la conservation du patrimoine, l'accomplissement de mesures conservatoires, telles que des réparations urgentes d'immeubles, des achats nécessaires, des frais judiciaires ou extrajudiciaires, toutes obligations ayant pour but, non d'altérer profondément la physionomie du patrimoine, mais d'en conserver et d'en maintenir l'ensemble à sa même hauteur ; en se plaçant à ce point de vue, il n'y aurait plus opposition entre l'article 1998 et l'article 1375 ; ils viseraient au contraire les mêmes hypothèses ; ce qui, au regard de l'article 1988, constitue un acte de propriété, serait également en dehors du champ d'application de la gestion d'affaires ; l'acte d'administration, l'acte de gestion d'affaires ne seraient plus qu'un seul et même acte, ayant le même caractère et le même objet; l'acte de propriété de l'article 1988 ne pourrait être validé que par la ratification du propriétaire (art. 1998); il ne pourrait pas davantage être imposé au maître par l'application des principes de la gestion d'affaires, puisqu'un tel acte ne rentrerait même pas dans la notion de la gestion d'affaires.

Mais cette formule a semblé défectueuse à beaucoup d'auteurs (1); l'article 1375, dit-on, est en effet beaucoup plus large que l'article 1988; et quoique l'idée qui forme la base du système précédent soit très juridique, et puisse s'autoriser de la tradition du droit romain (2), il faut l'étendre un peu au delà des limites trop étroites dans lesquelles on a voulu l'enfermer.

Sans doute l'acte d'administration et l'acte de gestion d'affaires ne sont pas absolument identiques l'un à l'autre : mais ils ont, en principe, la même sphère d'applications.

« La formule de l'article 1375 est bien plus large que celle de l'article 1988, et il serait fort inexact de l'interpréter par cette dernière : il ne dit pas que tout acte d'administration, théoriquement classé comme tel, pourra être validé à raison de son utilité, mais

(1) V. Demolombe, *Absence*, n° 111, p. 120; Aubry et Rau, t. 4, § 415, note 6.
(2) Cf. L. 11, *Pr. de negot. gest.*

bien tout acte relatif à l'affaire que le gérant s'est chargé d'administrer.

Dès lors il suppose qu'un but unique et principal a fait l'objet de l'immixtion du gérant; ce but doit sans doute être restreint à la conservation du patrimoine; mais il comprend pour sa réalisation un ensemble d'actes, qu'on ne peut isoler de la gestion dont ils font partie et de la fin poursuivie, peu importe qu'en eux-mêmes et par leur nature, ils se trouvent classés parmi les actes de propriété, définis par l'article 1988, Individuellement et considérés comme objet principal de la gestion, ils seraient en dehors des limites de l'article 1375 : compris dans l'ensemble et envisagés comme simple conséquence de l'affaire entreprise, ils rentrent dans la notion de gestion d'affaires et peuvent être validés comme tels » (1).

Il n'y a donc pas d'antinomie entre les articles 1375 et 1998, puisque, s'il est inexact de dire que l'acte d'administration est juridiquement identique à l'acte de gestion d'affaires, il n'en reste pas moins vrai que si la gestion d'affaires, dans son exécution, nécessite parfois des actes qui ne sont pas en eux-mêmes des actes d'administration, il faut néanmoins, pour que ces actes puissent faire l'objet d'une gestion d'affaires, qu'ils se rattachent à une affaire entreprise,

(1) Saleilles, *loco cit.*, p. 282, § 151.

qu'ils soient nécessaires à la réalisation d'un but unique qui soit la conservation du patrimoine.

Peut-être serait-il permis d'envisager les choses à un autre point de vue.

L'acte de gestion d'affaires doit avoir pour but la conservation du patrimoine ; cela n'est pas douteux; on ne comprendrait pas comment un tiers aurait le droit de s'immiscer dans les affaires d'autrui, si ce n'était dans l'intérêt de ce dernier, et dans le but de sauvegarder certains éléments de son patrimoine, qui lui paraissent plus spécialement exposés ou compromis que d'autres.

Mais où est la nécessité d'après laquelle l'acte de gestion d'affaires doive se rattacher à une affaire déjà entreprise, qui ait fait précédemment l'objet d'un mandat général, ou qui tout au moins aurait pu faire l'objet d'une telle convention ?

Si l'on veut tirer argument du mot administrer, qui se trouve dans l'article 1375, il faut franchement prendre ce mot dans le sens où il est employé dans l'article 1988 ; on en reviendrait alors à l'assimilation complète entre l'acte d'administration et l'acte de gestion d'affaires.

Mais sur quel texte, sur quel fondement rationnel s'appuyer, pour dire que le mot administrer de l'article 1375 aura bien le même sens que l'article 1988, mais que l'administration comprendra, dans sa réalisation effective, des actes qui ne sont pas des actes d'administration.

Pourquoi décomposer ainsi le mot, pour ne retenir qu'une partie du sens, que, de l'aveu même des auteurs, il convient de lui donner?

Ne pourrait-on pas envisager les choses sous un autre jour, et s'affranchir librement du mot administrer de l'article 1375?

Ici, ce terme a un sens infiniment large, il est synonyme de gérer; l'hypothèse même que vise l'article 1375, prouve d'une façon qui ne nous laisse aucun doute, que le mot administrer n'est pas pris dans le même sens que dans l'article 1988.

Il s'agit en effet d'un tiers qui prend sur lui d'accomplir sur le patrimoine d'un individu absent ou empêché d'y pourvoir lui-même, un acte qu'il croit de l'intérêt bien entendu de cet individu d'accomplir; nous ne voyons pas de raison pour restreindre les pouvoirs du gérant d'affaires, et ne le laisser accomplir que des actes qui peuvent se rattacher à une affaire entreprise.

Nous serions plutôt incliné à penser que la gestion d'affaires et l'administration ont deux sphères d'application bien distinctes.

La gestion d'affaires trouve sa raison d'être, dans ce principe de solidarité sociale qui fait qu'un individu, un étranger, a le droit, indépendamment de tout mandat, lorsqu'il voit les affaires d'un tiers péricliter, sans que celui-ci ait donné à quelqu'un procuration pour les gérer, de prendre pour cet individu toutes les mesures de précaution qu'une bonne gestion lui fait un devoir de prendre, de faire tous les actes de propriété qu'il croira devoir accomplir ; l'individu, dont le patrimoine a été ainsi géré, sera obligé de décharger le gérant de toutes les obligations qu'il aura contractées, et de le rembourser de toutes les dépenses qu'il aura faites, pourvu que ces opérations aient présenté un caractère d'opportunité évident.

Remarquons qu'en dehors du principe de solidarité sociale, l'intérêt économique est directement intéressé à ce que les fortunes des particuliers ne périclitent pas, et à ce que leur patrimoine soit soustrait à de trop brusques bouleversements.

Nous pensons que la gestion d'affaires comprend tous les actes de propriété utiles.

Tout autre est l'acte que vise l'article 1998 ; il suppose qu'un mandat d'administrer est intervenu ; dans cette hypothèse, l'acte de propriété, tel que nous l'avons défini, ne pourra être imposé au mandant, qu'autant qu'il l'aura ratifié expressément ou tacitement.

Lorsqu'un individu s'absente et qu'il a nommé un mandataire général à la tête de ses biens, il a pourvu à la gestion de ses affaires, peut-être d'une façon incomplète, mais il y a pourvu ; on ne peut dès lors songer à lui imposer des actes qui dépassent les pouvoirs d'un mandataire, dont il a négligé de déterminer les droits, c'est vrai, mais qu'il a choisi librement lui-même, et en toute connaissance de cause ; ce serait aller à l'encontre de sa volonté, formellement exprimée.

On comprend au contraire très bien qu'un individu qui n'a reçu aucun mandat, mais qui a géré l'affaire d'autrui, non pour satisfaire son propre intérêt, mais pour répondre à un devoir de solidarité sociale, puisse se voir décharger de tous les engagements utiles qu'il aura contractés.

On ne va pas par là à l'encontre de la volonté du maître ; on tient au contraire pour valable ce qu'il aurait, selon toute vraisemblance, accompli lui-même, s'il avait été en état de le faire.

En exigeant la ratification du maître on va à l'encontre du texte même de la loi, qui suppose que l'acte qui a besoin d'une ratification est celui qui dépasse les pouvoirs d'un mandataire.

On découragerait les bonnes volontés, et on verrait bientôt, au grand détriment de la fortune publique, les hommes assister impassibles à la ruine du prochain, n'osant pas risquer un acte, dont ils ne soient pas certains de pouvoir se décharger sur le compte de celui dont ils ont, en tout désintéressement, pris en main la défense.

70. — Nous avons dit que l'individu qui aura accompli un acte d'administration, est celui qui, respectant l'identique individualité des divers éléments du patrimoine, ne les détourne pas de leur destination naturelle, et ne substitue pas sa volonté à celle du propriétaire.

Nous croyons que cette notion un peu abstraite et ces principes un peu vagues peuvent, dans la réalité des choses, se ramener à ceux-ci :

Parmi les éléments du patrimoine, il y en a dont le rôle ne peut laisser aucun doute ; leur nature essentiellement changeante et variable fera que l'administrateur, en aucun cas, ne sera censé, en accomplissant sur eux tous les actes qu'il lui conviendra, avoir substitué sa volonté à celle du propriétaire ; il aura sur eux un droit plein et entier ; aucun acte, touchant ses biens, ne constituera un acte intempestif ou dangereux ; tels sont les biens qui présentent le caractère de *revenu*.

Le revenu, en effet, est d'abord destiné à subvenir aux besoins de celui qui les perçoit ; il doit aussi servir à l'entretien, à la conservation des autres éléments du patrimoine. Mais ce revenu lui-même peut changer de nature ; il peut, à son tour, être capitalisé ; il cesse alors d'être revenu ; il dépouille sa nature changeante; il se fixe d'une manière irrévocable ; l'administrateur n'aura plus, dès lors, un droit entier sur lui.

Le *capital*, en effet, est l'élément fixe du patrimoine ; il constitue une réserve ; il est ce qui produit, il est « la richesse en fonction de reproduction, la richesse employée à produire des richesses » (1).

L'administrateur aura le droit de rendre tel ou tel élément du patrimoine productif ; il aura une capacité suffisante pour créer des capitaux ; il aura le droit, il aura même le devoir de faire fructifier les biens, de les mettre en valeur, et d'accomplir sur eux tous les actes qui tendent à leur faire produire le plus grand rendement possible ; car c'est là leur destination naturelle.

Ces biens une fois mis en exploitation, c'est-à-dire, ayant été rendus productifs d'intérêts, l'administrateur n'a plus sur eux aucun droit.

C'est ainsi que l'administrateur de la fortune d'autrui a, dans les hypothèses qui nous occupent, le droit de donner à bail les immeubles du propriétaire ; le bail constitue en effet le mode de gestion normal des immeubles.

Tirer profit des divers éléments du patrimoine, mettre ceux-ci en valeur, les rendre eux-mêmes productifs de richesses, telle est, sans contredit, la première tâche qui s'impose à l'administrateur.

Or, comment tirer profit d'un immeuble, à moins de l'exploiter soi-même, ou de le donner.

(1) Beauregard, *Economie politique*, p. 81.

Remarquons cependant qu'un bail trop long consenti par un administrateur ne serait pas opposable au propriétaire, pour cette raison que le fait de donner à bail pour un temps exagéré constitue, non plus un mode d'emploi normal, mais équivaut pour le propriétaire à une véritable spoliation de son droit de propriété.

71. — En ce qui concerne les biens meubles, l'administrateur aura le droit et même la charge d'en faire le placement le plus avantageux ; l'intérêt du propriétaire se trouvera, de la sorte, concilié avec l'intérêt général. En effet, l'accumulation des capitaux improductifs, c'est-à-dire dont on n'a pas opéré le placement, aboutit rapidement à la thésaurisation qui n'est qu'un entassement stérile des richesses.

Un individu qui place ses capitaux obéit, au contraire, à deux mobiles principaux, la prévoyance et le désir de s'enrichir lui-même ; mais, du même coup, il donne à ceux auxquels il confie ses capitaux, un moyen de production plus abondante et collabore ainsi, dans la mesure de ses moyens, au développement des forces économiques du pays.

72. — Toujours par application du même principe, nous dénierons à l'administrateur conventionnel de la fortune d'autrui, le droit d'aliéner les valeurs mobilières, les titres de rente, actions, obligations de société.

La notion de capital s'étend en effet, remarquons-le, à tout bien productif de richesse, quelle que soit la forme sous laquelle se présente cette augmentation de prix ; rentes, actions, obligations, ce sont là, au premier chef, des éléments du patrimoine, productifs de richesse, n'ayant pas telle destination plutôt que telle autre ; de plus la conservation ou l'aliénation des valeurs mobilières dépend tout entière d'une appréciation de volonté dont le seul propriétaire est l'arbitre.

Détourner un élément productif de sa destination naturelle, lui faire subir des modifications qui l'atteignent dans son individualité juridique, ce sont là, au premier chef, des actes de propriété.

Mais le revenu périodique fixe et en argent est loin d'être la seule forme sous laquelle peut se présenter le caractère de productivité d'un bien ; un mobilier corporel d'une grande valeur, par exemple, est, tout comme les meubles incorporels, susceptible de plus-value ; il y a des meubles auxquels le temps donne un surcroît de valeur, qui n'est autre chose qu'un revenu ; on peut citer l'exemple d'une cave de vins qui augmentent de prix à mesure qu'ils deviennent vieux ; ce n'est pas, il est vrai, de l'argent qui produit de l'argent ; mais la périodicité n'est pas essentielle dans le revenu, il suffit qu'un capital puisse, sous une forme quelconque, à un moment donné, produire une plus-value, pour qu'il constitue un capital productif.

73. — Supposons qu'une société émette des obligations de 500 francs, 3 0/0, remboursables par voie de tirages au sort, dans un avenir plus ou moins éloigné ; si celui qui acquiert cette obligation effectue réellement le paiement d'une somme égale à la promesse de paiement inscrite sur le titre, l'opération n'est qu'un simple prêt à intérêt ; l'administrateur qui trouvera dans le patrimoine de l'administré de semblables obligations, sera sans droit pour en effectuer l'aliénation ; ici, l'intérêt se présente sous son caractère habituel de périodicité ; nul doute au sujet des pouvoirs de l'administrateur sur un tel capital.

Modifions un peu l'espèce, et supposons une obligation de 500 francs, remise entre les mains d'un capitaliste, en échange d'un prix de 300 francs. Les 15 francs d'intérêts représentent, en ce cas, un taux de 5 0/0 ; supposons que la société se soit engagée à restituer, au jour fixé pour le remboursement, une somme de 500 francs.

Comment qualifier en droit, la différence entre le taux de l'émission et le chiffre du remboursement ? Que sera, juridiquement, la prime de remboursement ?

On sait que lorsque, par suite de l'exécution d'un contrat, une partie a livré à une autre une somme d'argent déterminée, la contre-prestation que le débiteur effectue en échange, n'est qu'une restitution, ou une rémunération du service rendu. Or, ici, la prime de remboursement excède la valeur du capital prêté : « En conséquence, on peut, avec l'intérêt annuel attaché au titre, définir juridiquement la prime de remboursement : un supplément de rémunération du prêt, payable en une seule fois à l'époque du remboursement » (1).

Nous en concluons que la périodicité n'est pas un caractère essentiel de l'intérêt, que tout capital susceptible de rapporter à celui qui en est propriétaire, une augmentation de valeur, sous quelque forme que ce soit, est un capital productif, et que le fait d'aliéner une obligation, à laquelle est attachée une prime de remboursement, ne constitue pas un acte d'administration ; mais par déduction logique de nos principes, nous arrivons aussi à ce second point, c'est que l'administrateur trouvera dans son droit une capacité suffisante pour procéder à l'aliénation de la somme à laquelle se monte la prime de remboursement.

74. — Si, dans l'hypothèse qui précède, nous ne reconnaissons pas à l'administrateur conventionnel le droit d'aliéner une obligation à laquelle est atta-

(1) H. Lévy-Ullmann, *loco cit.*, p. 86 et s.

chée une prime de remboursement, c'est pour la raison que ce bien produit d'abord un intérêt annuel et périodique et qu'en dehors de cette circonstance commune à toutes les valeurs mobilières, il en est une autre, propre à la nature même de l'obligation et qui consiste dans la perspective de la prime de remboursement qui donnera, dans un avenir fixé, une plus-value certaine à la valeur intrinsèque de ce titre.

Mais en donnant au principe toute sa portée, et en s'attachant aux conséquences qui découlent logiquement du raisonnement que nous poursuivons, il est facile de trouver un exemple de meubles incorporels qui ne produisent aucun intérêt, mais qui, néanmoins, pour diverses raisons, sont susceptibles d'une plus-value certaine : prenons l'exemple d'un bon de Panama.

Quel sera, sur ce bon, le droit de l'administrateur? Pourra-t-il procéder à son aliénation, comme il aurait ce droit s'il s'agissait de tout autre meuble, ne produisant aucun intérêt, un meuble corporel, par exemple, qui se détériore par l'usage, et dont on soit assuré de n'en jamais voir monter le prix?

Ce point de vue ne serait pas exact, et nous pensons que l'aliénation de semblables valeurs constitue non un acte d'administration, mais bien un acte de propriété ; car elles répondent encore à la notion d'un capital, et nous semblent réunir les éléments suffisants pour que leur aliénation échappe aux pouvoirs de celui qui n'a sur eux qu'un simple droit d'administration.

Ces biens en effet, sont susceptibles, à un moment donné, de produire une plus-value dans le patrimoine du propriétaire.

Cette plus-value a deux sources, dont l'une, il est vrai, n'est que la conséquence de l'autre, mais qui ne se confondent ni dans leur cause, ni dans leur effet, et qui se distinguent encore par leur mode de réalisation, bien que le résultat final consiste toujours à procurer un bénéfice au propriétaire de ces valeurs.

Un bon de Panama, par exemple, ou toute autre valeur de ce genre est susceptible de procurer un bénéfice à l'acquéreur :

1° A raison de la chance de lot qui y est attachée ;

2° A raison du cours que ces bons atteignent en bourse, cours qui logiquement doit monter, à mesure que des tirages plus nombreux ont été effectués, et que l'on se rapproche de l'époque du remboursement, autrement dit à mesure que l'on avance dans la période d'amortissement ; cette hausse progressive permet au titulaire du bon de bénéficier de l'écart qui existe entre le cours auquel il achète le bon, et celui plus élevé auquel il a la faculté de le vendre.

Mais réaliser cette plus-value, c'est perdre les

chances de lot attachées au bon ; l'administrateur n'a pas ce droit ; en aliénant le bon, l'administrateur renonce à une plus-value possible, il prive le patrimoine d'une source de gain, il aliène un capital susceptible de productivité ; il diminue, pour ainsi dire, la puissance vitale du patrimoine ; il l'atteint et le touche dans son organisme intime, et le prive d'un rouage utile à son bon fonctionnement ; il outrepasse ses droits ; il ne fait pas acte d'administration ; mais l'administrateur, par contre, devrait pouvoir disposer librement du lot, qui, à un certain point de vue, n'est que le produit du capital.

75. — La distinction entre le capital et le revenu, la question de savoir où commence l'un et où finit l'autre, peut parfois être assez délicate.

Nous venons de voir un cas où se faisait jour la notion de revenu là où, au premier abord, il ne semblait y avoir qu'un bien improductif ; nous allons à présent examiner une hypothèse où c'est le capital qui se dissimule.

Nous avons dit au début de ce chapitre que l'administrateur n'avait aucun droit sur ce qui constituait un capital, et nous avons examiné une hypothèse où il semblait à première vue qu'on eût affaire à un bien improductif ; il n'en était rien ; c'était le revenu qui se déguisait sous des formes qui le rendaient peu apparent. A propos de ce bien, nous avons examiné successivement ces deux points, à savoir que, sur un titre représentatif d'un capital susceptible de plus-value, le pouvoir de l'administrateur n'allait pas jusqu'au droit de disposition, mais qu'il pouvait par contre disposer de la plus-value réalisée par une circonstance indépendante de sa volonté.

Nous allons voir à l'inverse un cas où c'est le capital qui se dissimule sous la forme d'un dividende, et examiner successivement les deux mêmes points : les droits de l'administrateur, 1° quant au titre, 2° quant au dividende.

Supposons une action de la Compagnie du Nord : on sait que la concession du Nord expire le 31 décembre 1950, époque où ses lignes retourneront pour rien à l'État, sauf certaines obligations mises à la charge de l'État, et qui se trouvent énumérées dans l'article 5 de la convention du 5 juin 1883.

D'ici à 1950, tous les actionnaires devront donc être indemnisés, car, à ce moment, la Compagnie étant privée de l'exploitation du réseau, la valeur de l'action tombera à rien, l'action n'existera plus.

A cet effet, la Compagnie procède à des tirages périodiques annuels, et les actions au fur et à mesure des tirages, sont remboursées au prix de leur valeur nominale, c'est-à-dire de 500 francs.

Remarquons en passant,que celui dont l'action est ainsi remboursée par anticipation, acquiert outre la restitution du prix de 500 francs, le droit à une action de jouissance ; on appelle ainsi une action qui sert à son titulaire un revenu représentant la part à laquelle il a droit dans les bénéfices de la Compagnie, mais qui lui retient naturellement l'intérêt de la valeur nominale de l'action, dont le remboursement lui a été effectué.

Or, l'action de la Compagnie du Nord est cotée aujourd'hui à la Bourse un peu au-dessus de 2.000 fr. Supposons un individu achetant 100 de ces actions, représentatives dès lors d'un capital d'environ 200.000 francs.

Pour une raison quelconque, un administrateur est nommé à la tête de la fortune de cet individu. Il ne pourra pas aliéner l'action elle-même qui représente un capital éminemment productif d'intérêts, mais quel sera le droit de l'administrateur en ce qui concerne le dividende que lui sert la Compagnie ?

A première vue il semble que ce dividende ne soit que le rendement naturel de la somme engagée, que ce soit là un revenu, sur lequel l'administrateur doive pouvoir exercer son droit plein et entier.

Mais ce serait une façon de voir inexacte, dangereuse au point de vue de la conservation de ses biens, et manifestement contraire à son intérêt bien entendu.

Il est en effet facile de se rendre compte des résultats de fait déplorables, auxquels pratiquement on arriverait en permettant à l'administrateur de dépenser dans leur intégralité les dividendes servis par la Compagnie.

Un bon administrateur, en effet, doit toujours envisager l'éventualité du remboursement, dont l'époque, il est vrai, ne peut être connue d'avance, mais dont l'effet n'en est pas moins certain.

Si celui qui a charge d'administration dissipe le rendement de l'action, à mesure qu'il est distribué, il arrivera forcément un moment où, lorsque le mandat, si c'en est un, aura pris fin, l'administré ne retrouvera plus son capital engagé, ou plutôt le retrouvera diminué de la valeur existant entre le cours d'achat de l'action, dans notre espèce 2.000 francs, et sa valeur nominale, soit 500 francs.

Le patrimoine de l'administré sera donc en perte d'autant de fois 1.500 francs qu'il y aura d'actions, dans notre hypothèse d'un capital de 150.000 francs.

Un bon administrateur, pour se renfermer strictement dans les limites de ses pouvoirs, peut donc bien, au fur et à mesure de la distribution des dividendes, employer à sa guise ce qui représente le revenu du capital engagé ; mais il devra réserver une certaine somme, dont le placement habilement effectué, joint à l'accumulation des intérêts, devra, dans l'espace de

52 ans, arriver à reconstituer exactement un capital net de 150.000 francs (1).

Ces résultats de fait sont trop évidents pour qu'il soit nécessaire d'y insister davantage. Mais l'on est en droit de se demander ce que, juridiquement, représente en pure théorie le dividende servi par une action de 500 francs, payée 2.000 francs et remboursable, dans un temps donné, au taux de 500 francs.

L'achat d'une action n'est jamais que l'achat d'un capital engagé dans une entreprise, capital dont la valeur nominale et réelle reste toujours la même ; si donc un individu achète aujourd'hui pour 2.000 fr. une action de 500 francs, remboursable à ce prix, c'est que, tout compte fait, il estime que la moins-value qu'éprouvera au moment du remboursement le capital engagé, trouve une compensation suffisante dans le dividende pur que sert l'action ; autrement dit, il pense que la somme qu'il touche annuellement de la Compagnie, lorsqu'il en aura déduit ce qui doit servir à reconstituer son capital, est encore assez forte, pour représenter, outre la sécurité qu'offre un tel placement, un bon intérêt de son argent.

On pourrait même, sans grande difficulté, connaî-

(1) Il existe des ouvrages techniques permettant de connaître exactement la somme dont il faut faire emploi pour retrouver dans un temps donné un capital déterminé.

tre approximativement l'époque où l'action de la Compagnie du Nord perdra de sa valeur, où son cours fléchira.

En effet, plus est proche le jour où le réseau doit retomber à l'État, et où les actions étant toutes remboursées, ne serviront plus dès lors aucun intérêt, plus aussi est grande la somme dont il faut faire emploi, pour arriver à reconstituer le capital ; le revenu dont on peut disposer en toute liberté, diminue d'autant.

Le jour où ce revenu sera absorbé par l'obligation de reconstituer le capital, au point de ne plus constituer une rémunération suffisante du capital engagé, peut-être ce jour-là, le cours de l'action baissera-t-il.

Le prix de l'action varie en raison proportionnelle du dividende ; tous deux suivent la même marche, ascendante ou descendante, et s'il est vrai de dire théoriquement que le dividende d'une action ne représente que la part à laquelle a droit son titulaire dans les bénéfices de la Compagnie, quel que soit le capital qu'il a déboursé pour acquérir cette action, il n'en est pas moins vrai que le jeu de l'offre et de la demande fait que plus une compagnie est prospère et plus elle distribue de gros dividendes à ses actionnaires, plus ses actions sont recherchées et se cotent à la Bourse à un prix élevé.

C'est à raison même du dividende élevé qu'il produit qu'un capital de 500 francs, dont la valeur nominale reste toujours la même, et doit fatalement être remboursé à ce prix, peut, à un moment donné, valoir économiquement 2.000 francs.

La moins-value que subira le capital au moment du remboursement, a sa compensation et sa raison d'être dans l'élévation des dividendes ; plus ces derniers sont forts, plus sera grande la disproportion existant entre le capital engagé et le capital remboursé. C'est donc, en un mot, dans ce dividende lui-même que se retrouve une fraction de capital : nous en concluons logiquement que l'administrateur n'en aura pas la libre disposition (1).

(1) On pourrait trouver encore une application très frappante du même principe dans ce qui a été appelé les délégations de Suez. Sans traiter à fond la question, dont le détail n'entre pas dans le cadre de notre sujet, nous n'en retiendrons que cette circonstance, à savoir qu'il s'y rencontre aussi une hypothèse où le dividende, distribué à époque fixe par une Compagnie, constitue en même temps que la rémunération du prix d'un capital engagé, une partie de ce capital lui-même.

Sur les 400.000 actions de la Compagnie de Suez, la moitié environ avait été souscrite par le vice-roi d'Egypte ; pour se libérer à forfait d'une somme de 30 millions formant le prix de diverses cessions, le gouvernement égyptien fit cession à la Compagnie des coupons de ces actions, à échoir pendant 25 ans de 1870 à 1894 ; en représentation de ces coupons, il a été créé un certain nombre de titres appelés délégations de coupons d'actions qui servent un intérêt annuel fixe et une part dans les dividendes ; ils ont été émis à 270 francs et ont été déclarés remboursables en 25 ans à 500 francs, au moyen de tirages au sort semestriels. Il est évident qu'un individu ayant une charge d'administration et trouvant dans un patrimoine un certain nombre de délégations

Le mandataire conventionnel, administrateur général des biens d'un tiers, ne fait pas non plus un acte d'administration ,lorsqu'il donne en gage un capital mobilier ; sans doute, la mise en gage n'équivaut pas, en fait, à une aliénation, mais elle désigne au créancier le bien qui doit faire l'objet de la vente, si la dette n'est pas payée à l'échéance ; l'administrateur,en faisant une telle opération, dispose virtuellement d'un capital mobilier ; il outrepasse son droit d'administration.

76. — La conversion d'un titre nominatif en un titre au porteur, constitue également un acte de propriété; on ne peut pas nier, en effet, que la conversion atteint le fond même du droit et altère sa physionomie propre. En opérant une conversion, l'administrateur substitue sa volonté à celle du propriétaire ; le choix qu'il fait de la forme au porteur atteste en effet suffisamment l'emploi qu'il veut faire du capital ; car elle précède l'aliénation ou la mise en gage, toutes deux prohibées à l'administrateur.

achetées à un prix supérieur à 500 francs — elles valaient en 1885 et 1886 un peu plus de mille francs — n'aurait pas eu le droit de considérer comme un pur revenu, sur lequel son droit devait être entier, le dividende servi par ces actions ; car il devait toujours envisager l'éventualité du remboursement au cours de 500 francs, et son droit de disposition ne devait dès lors s'exercer en toute liberté que sur ce qui restait, déduction faite de la somme nécessaire à la reconstitution du capital engagé.

77. — L'acquittement d'une dette, pourrait-on dire, est un acte nécessaire, le mandataire administrateur n'a pas le droit de s'y dérober; et d'ailleurs est ce lui qui engage le capital mobilier, qui doit servir au paiement de la dette? nullement; une dette grève le patrimoine, elle suspend sur la tête du propriétaire, une menace d'éviction toujours à craindre.

Sans doute, répondrons-nous; mais l'acquittement d'une dette avec un capital mobilier implique au premier chef un choix, une désignation d'un bien, la substitution de la volonté du mandataire à la volonté présumée du propriétaire ; c'est là une hypothèque gratuite, que le mandataire en dehors d'un pouvoir spécial à cet égard est sans droit pour accomplir.

Mais l'administrateur aura le droit d'aliéner tous les meubles qui ne sont pas susceptibles de donner un accroissement de richesse, ceux qui, par l'effet du temps, diminuent au contraire de valeur, ceux qui se détériorent par l'usage, les meubles meublants, par exemple, ou ceux qui, étant dispendieux à conserver, nécessitent des sacrifices pécuniaires perpétuels.

78. — Nous concluons donc que l'acte d'administration pour le mandataire conventionnel et pour le

mari, administrateur des biens propres de sa femme (nous avons expliqué pourquoi il convenait de les rapprocher), est celui qui respecte les éléments du patrimoine, dans leur individualité propre, celui, par lequel l'administrateur ne substitue pas sa volonté à celle du propriétaire ; en fait cela revient à dire que l'acte d'administration est celui qui fait fructifier les capitaux, qui en règle le mode d'exploitation le plus adéquat à leur nature, celui qui leur fait produire le plus grand rendement dont ils soient susceptibles.

Enfin l'acte d'administration est tout acte relatif au revenu, ou ce qui peut lui être assimilé, et, à ce point de vue, l'administrateur a les pouvoirs les plus larges.

Tel est le principe qui, seul, nous semble compatible avec le respect du droit de propriété, et qui satisfait en même temps les exigences de la pratique.

79. — Cependant cette théorie ne serait pas complète si on n'ajoutait pas un certain nombre de corollaires, qui, loin de faire échec au principe général, n'en constituent au contraire que le développement, et ne font qu'affirmer la règle.

C'est ainsi que la notion de capital sur lequel l'administrateur du patrimoine d'autrui n'aurait pas le droit de disposition, ne doit pas être étendue au delà d'une certaine limite.

En exagérant cette prohibition, on en arriverait à des solutions qui seraient manifestement en opposition avec la nature des choses. L'article 1988 fait une interprétation légale de volonté ; il consacre cette règle d'équité et de raison, qu'au seul propriétaire doit appartenir le droit de disposer de certains éléments de son patrimoine, qui ont une valeur effective réelle, une physionomie propre, un caractère juridique apparaissant nettement le même aux yeux de tous ; contre cette présomption ne peuvent prévaloir de pures considérations de fait, car s'il fallait se reporter aux circonstances dans lesquelles s'est produit l'acte, on reviendrait au système de Pothier.

Nous savons que le Code a répudié la théorie de Pothier sur le mandataire conventionnel ; la loi, en effet, ne dit pas, comme le fait ce dernier (1) par exemple : « qu'à l'égard des actions qui n'ont d'autre objet que de faire payer un débiteur, lorsqu'elles souffrent beaucoup de difficultés et qu'elles peuvent donner lieu à de gros frais », le mandataire devra être muni d'un pouvoir spécial.

Elle dit : « Il peut exercer seul toutes les actions mobilières ». Pas de distinction tirée des circonstances de fait, pas de tempérament ; la loi, ici, comme ailleurs, s'exprime d'une façon nette et catégorique.

(1) Pothier, *Du mandat*, n° 153.

Nous avons démontré que l'acte de propriété était celui qui mettait en jeu un capital, c'est-à-dire l'élément fixe, stable, permanent, du patrimoine, parce qu'un capital n'a pas de destination nettement marquée à l'avance, et que le mandataire, en l'aliénant, substituerait sa volonté à celle du propriétaire ; dans cette proposition se trouve compris ce tempérament, à savoir qu'il y a certains biens, présentant même le caractère de capitaux, dont l'aliénation par l'administrateur ne constituerait pas un acte de propriété. Il peut arriver, par exemple, que la négociation d'un effet de commerce, loin d'être un acte de propriété, n'en constitue au contraire que le mode de gestion normal.

Un commerçant, par exemple, qui a dans sa caisse des effets de commerce, considère ceux-ci moins comme une valeur immuable s'identifiant dans l'ensemble du patrimoine, que comme valeur de circulation, destinée à éviter un déplacement de fonds, et devant servir à l'acquittement des dettes ; dans ces conditions, l'effet de commerce est une véritable monnaie fiduciaire, et son aliénation devient son mode de traitement naturel, inhérent à sa qualité même.

80. — Remarquons aussi que, parmi les capitaux mobiliers incorporels, tous n'ont pas la même importance : il y a des capitaux fixes et des capitaux

mouvants ; il y a des valeurs de placement et des valeurs de spéculation.

A quel signe reconnaître ces dernières et quel sera le droit de l'administrateur en ce qui les concerne ?

Il y a certaines valeurs dont l'acquisition par un individu n'est considérée que comme un placement de ses capitaux liquides ; ces valeurs se fixent alors dans son patrimoine, elles s'identifient avec lui.

Sans doute, toute arrière-pensée de vente n'est pas absolument étrangère à celui qui fait une telle acquisition ; mais il n'en est pas moins vrai qu'elle est inspirée par des considérations de prudence et de prévoyance, et qu'elle ne se fait pas en considération de l'élévation du dividende que servent ces titres et qui accompagne généralement les valeurs plus ou moins aléatoires ; elle n'est pas non plus inspirée par l'espoir d'une forte hausse probable, dans un avenir prochain, occasionnée bien souvent, plus par l'habileté de ceux qui ont entrepris et lancé l'affaire, et l'engouement subit qui s'empare du public à leur égard, qu'à la valeur effective que représentent ces titres.

La sécurité que présente un tel placement ; le désir de rendre un capital productif, en encourant le minimum de risques, tels sont les mobiles qui ont poussé un individu à se rendre acquéreur.

Il est évident que l'administrateur ne trouvera pas dans son droit d'administration des pouvoirs suffisants pour procéder à l'aliénation de ces valeurs, aliénation qui présente, au premier chef, tous les caractères d'un acte de propriété.

Il peut arriver au contraire, que l'acquisition de certaines valeurs ne soit considérée par un individu que comme un moyen d'augmenter son capital ; l'acquisition, dans ces conditions, n'est qu'une phase temporaire de l'affaire ; en soi, elle n'a aucune importance ; elle n'est considérée qu'en considération d'une vente prochaine, à un cours plus élevé que celui de l'achat.

Ici, il est évident que l'aliénation de pareilles valeurs loin de constituer un acte de propriété, n'est que le mode de traitement naturel de ces valeurs.

Si nous essayons maintenant de rechercher à quels signes on distinguera les valeurs de placement des valeurs de spéculation, nous ne pouvons mieux faire que de reproduire ici les explications qui ont été données à ce sujet.

« La profession du mandant, la relation existant entre celle-ci et les valeurs trouvées dans son patrimoine, les circonstances qui ont signalé l'entrée de ces valeurs dans le patrimoine lui-même, en un mot leur titre originaire, tels sont les trois faits qui pourront nous fournir les inductions légitimes que nous cherchons » (1).

(1) Saleilles, *loco cit.*, p. 244 et s.

Il faudra tout d'abord que le titre soit entré dans le patrimoine du propriétaire, sous une forme qui ne laisse aucun doute, au point de vue de sa négociabilité, c'est-à-dire qu'il revête la forme du titre au porteur ; il faudra encore que le titre acquis provienne d'un marché en Bourse. Ces deux conditions sont suffisantes, lorsque le mandant fait profession de se livrer à des spéculations de Bourse, et que cette pratique résulte, non de simples habitudes peut-être passagères, mais de sa véritable profession.

En dehors de la profession du mandant, il y a un autre caractère qui désigne infailliblement le titre à une revente prochaine et qui fixe d'une manière certaine son caractère de valeur de spéculation : c'est le fait que ces titres aient fait l'objet d'un marché à terme non encore exécuté, et qu'il y ait une disproportion évidente entre la quantité des titres achetés et les capitaux disponibles au moment où l'opération a été conclue.

« Dans la volonté du mandant se trouve la charge des pouvoirs du mandataire, et s'il ne nous est pas permis de présumer d'aucune circonstance accidentelle que la procuration générale comprenne ce qui est aliénation véritable, c'est-à-dire renversement complet de la destination même du droit, faisant l'objet du mandat, il est au contraire fort légitime de déduire de certains faits, ayant une valeur propre et constante, le caractère même de la destination certaine imprimée par le mandant aux droits qui font partie de son patrimoine » (1).

SECTION II. — **Du mari administrateur des biens de sa femme.**

81. — Tels sont, d'une façon générale, les principes applicables au mandataire conventionnel, auquel il convient d'ajouter le mari qui, sous les différents régimes matrimoniaux, est administrateur des biens propres de sa femme.

Ce droit d'administration trouve sa cause première dans la loi, et sa consécration définitive dans la convention matrimoniale librement acceptée.

Comme le mandataire, le mari devra se garder d'empiéter sur les prérogatives attachées au droit de propriété de la femme, et il semble que l'acte d'administration soit pour lui l'acte visé par l'article 1988.

L'administration du mari n'a nullement en effet pour but de suppléer à une incapacité naturelle ; elle trouve son fondement rationnel dans un intérêt supérieur de la famille, et dans la nécessité pour la femme de transmettre à ses enfants, de génération

(1) Salcilles, *loc. cit.*

en génération, un patrimoine intact, soustrait à de trop brusques bouleversements.

Mais la femme n'en reste pas moins propriétaire de ses propres ; elle est dans la situation d'un mandant qui aurait confié à un tiers l'administration de ses biens ; la loi, il est vrai, lui en impose l'obligation ; mais c'est là une situation qu'elle accepte de plein gré.

Le mari sera donc comme le mandataire conventionnel, pouvant faire tous actes d'administration, franchissant les limites de ses pouvoirs quand il aura accompli un acte de propriété.

Le mari doit pourvoir à l'administration des biens de sa femme, sous le régime de communauté légale ou conventionnelle. « Le mari a l'administration de tous les biens personnels de la femme. Il peut exercer seul toutes les actions mobilières et possessoires qui appartiennent à sa femme. Il ne peut aliéner ses immeubles personnels sans son consentement » (art. 1428), sous le régime sans communauté. « Le mari conserve l'administration des biens meubles et immeubles de la femme » (art. 1531) ; enfin en ce qui concerne les biens dotaux. « Le mari seul a l'administration des biens dotaux » (art. 1549).

82. — Le mari, d'une façon générale, fera donc acte d'administration en procédant à l'aliénation des

choses périssables, des récoltes, de tout ce qui se consomme et s'use par l'usage, de tout ce qui a une destination nettement déterminée, les coupons de titre, les effets de commerce : il accomplira valablement tous les actes qui ne motiveront pas, dans la personne de l'administrateur, la substitution de sa personnalité, avec ses goûts, ses habitudes et ses convenances personnelles à celles du propriétaire.

Il ne fera, en outre, que se conformer au rôle que doit jouer son administration, en recevant le remboursement des capitaux (1), et d'une créance formant un propre de la femme (2) ; nous avons vu que l'emploi des capitaux constituait pour le mandataire conventionnel un acte d'administration ; de même pour le mari l'emploi des valeurs mobilières propres à la femme sera au premier chef un acte d'administration (3).

L'aliénation des propres imparfaits de la femme constituera aussi un acte d'administration, par cette raison que le mari en est devenu propriétaire, et que son droit de propriété doit aller jusqu'à lui permettre de procéder à une aliénation (4).

(1) Duranton, t. 15, n° 404 ; Guillouard, t. 4, n° 1776 ; Aubry et Rau, t. 5, p. 545, § 535.

(2) Colmar, 23 décembre 1863, S. 64.2.111, P. 64.720 ; Troplong, t. 2, n° 993.

(3) Bordeaux, 17 décembre 1873, S. 74.2.992.

(4) Laurent, t. 22, nos 162, 164 ; Colmet de Santerre, t. 6, n° 71 *bis*, IX.

Mais le mari sortirait des limites assignées à son pouvoir d'administration, en procédant à l'aliénation d'un bien qui répond à la notion de capital, que ce capital produise un revenu fixe, comme les rentes, les obligations, les actions, soit au contraire qu'il ne produise pas directement un intérêt annuel et périodique, mais que ce soit un bien susceptible de plus-value (1), une galerie de tableaux, par exemple.

83. — Cependant ce point de vue n'a pas été admis sans de vives contestations, et les adversaires de la théorie que nous avons développée, et que confirme une jurisprudence à peu près constante, sauf en matière de régime dotal, ont prétendu qu'elle était contraire au droit romain et aux traditions de notre ancien droit, et qu'elle ne trouvait pas de justification dans les textes.

Le doute, en ce qui concerne l'administration du mari sur les propres de sa femme, en matière de communauté légale, ou de communauté conventionnelle, spécialement en matière de communauté réduite aux acquêts, vient, croyons nous, d'une fausse interprétation des principes de notre droit et des règles édictées par le Code.

Et tout d'abord, il convient de poser nettement le problème et de détacher de lui, pour la résoudre

(1) Paris, 3 janvier 1852, S. 52.2.133, D. 52.2.247.

immédiatement, une question qui se pose à propos des biens propres de la femme.

La question du pouvoir d'administration du mari sur ces biens ne peut en effet s'élever que si ces biens sont demeurés des propres parfaits, c'est-à-dire des biens sur lesquels la femme n'abdique pas son droit de propriété.

Si, au contraire, ils tombent dans la communauté à charge de récompense, si la femme ne reste que créancière de leur valeur, il n'est que trop évident que ces biens, faisant désormais partie du fonds commun, deviendront la propriété du mari, désormais débiteur de leur valeur, et sur lesquels son droit d'administration lui permettra tous actes autres que les actes de disposition à titre gratuit (art. 1422).

Dans cette seconde hypothèse, la question ne se pose donc pas de savoir en quoi consistera exactement pour le mari, l'acte d'administration.

Il faut donc au préalable résoudre rapidement cette question : le Code a-t-il entendu faire des propres de la femme des propres parfaits ou des propres imparfaits ?

Les partisans de ce second système s'appuient principalement sur la tradition et invoquent le témoignage de Pothier (1).

(1) Merlin, *Rép.*, V° *Réalisation*, § 1, n° 4 ; Troplong, *Contr. de*

« Les biens propres de la femme, dit Pothier, sont ceux qu'elle n'a pas mis en communauté ; il y en a de deux sortes : les biens propres de la première espèce sont les biens de la femme, qui sont immeubles ; ceux de la seconde espèce sont les biens de la femme qu'elle a exclus de la communauté par une clause de réalisation. Ceux-ci ne diffèrent des biens mis en communauté qu'en ce que la femme ou ses héritiers sont créanciers de la reprise du montant desdits biens contre la communauté....... La clause de réalisation ne laisse à la femme qu'une créance pour la reprise, et un privilège sur les effets qui se trouvent encore en nature, lors de la dissolution de la communauté. »

Le Code, dit-on, a suivi fidèlement le système de Pothier en ce qui concerne la composition de la communauté et les pouvoirs du mari ; ce qui le prouve, c'est l'article 1503 qui autorise chaque époux, à la dissolution de la communauté, « à reprendre et à prélever la valeur de ce dont le mobilier qu'il a apporté lors du mariage, ou ce qui lui est échu depuis, excédait sa mise en communauté ».

Enfin on ajoute que la femme trouve, dans ce système, une protection très efficace, puisque, grâce à

mariage, t. 3, n° 1937 ; Delvincourt, t. 3, pp. 42, 78 ; Pothier, *Traité de la puissance du mari*, n° 83 ; *Comm.*, n° 325 ; *Introduction à la coutume d'Orléans*, 61.

son droit de créance, la femme est assurée de recouvrer une valeur identiquement égale à celle qu'elle a versée dans la communauté alors qu'il pourrait arriver au contraire que, par suite d'une dépréciation survenue sur la valeur qu'elle s'est réservée propre, son droit de reprise soit, de fait, réduit à néant.

Il est facile d'écarter de suite cette dernière considération.

Sans doute, demeurant créancière de la valeur de ces apports, la femme échappe aux risques de dépréciation qui peuvent les frapper ; mais elle perd, par contre, les chances de bénéfices que lui procurerait une hausse, venant les atteindre.

D'ailleurs le régime de la communauté est-il adopté, dans le but d'améliorer la situation pécuniaire de la femme ? « Elle apporte un droit variable qui offre des dangers comme aussi des avantages ; elle témoigne, par une clause spéciale, l'intention de conserver cette valeur dans son patrimoine personnel ; où voit-on que cette déclaration puisse équivaloir à l'intention de transformer la nature même de ce bien et d'acquérir en retour des chances qu'elle abandonne, une sorte de sécurité relative que jusqu'alors elle n'a pas recherchée ?

C'est se montrer à son insu, et peut-être à ses dépens, un peu trop soucieux de ses propres intérêts (1). »

(1) Saleilles, *loco cit.*, p. 482, § 334.

Nous ajoutons, quant à nous, que le régime de la communauté, régime sous lequel le mari a les pouvoirs étendus que l'on sait sur les biens communs, n'est pas si conforme à la réalité des choses, et ne donne pas des résultats si satisfaisants pour qu'il faille essayer de l'étendre au delà de ses propres termes.

Sans doute le mariage est encore aujourd'hui le *consortium totius vitæ, divini et humani juris communicatio* ; mais nous ne serions pas éloigné de penser qu'il n'est pas nécessaire qu'à cette communion de sentiments et d'espérances, corresponde une communauté de biens.

Nous ne voyons pas bien la raison pour laquelle deux époux s'abandonneraient mutuellement toute leur fortune, pour en confier la gestion au seul mari.

Nous croyons que ce système ne répond plus à nos idées et à nos tendances actuelles ; aussi voyons-nous que les législations étrangères modernes ont abandonné le système de la communauté, pour adopter comme régime légal, soit en Italie (1), par exemple, le régime de paraphernalité, sous lequel la femme administre elle-même ses biens, soit, comme en Allemagne (2), une communauté d'administration (Verwaltungsgemeinschaft), sous laquelle la femme tout en conservant la propriété de sa fortune, en confie l'administration au mari.

(1) Code civil italien, traduction de Huc.

(2) Nouveau Code civil allemand, traduction de Meulenaëre.

L'article 1503 semble, il est vrai, décider que les prélèvements des époux ne se feront pas en nature, ce qui semble corroborer le dire de ceux qui prétendent que les biens des époux tombent dans la communauté à charge de récompense ; mais il suffit de considérer, pour écarter cette solution, que l'article 1503 se réfère à une clause spéciale, d'après laquelle les époux, loin d'avoir réalisé certains biens d'une façon absolue, ne l'ont fait au contraire que jusqu'à concurrence d'une somme ou d'une valeur déterminée : leur droit, dans cette hypothèse, ne peut être qu'un droit de créance.

Ce qui prouve que l'article 1503 se réfère à une situation exceptionnelle, c'est l'article 1498 qui, statuant sur une hypothèse voisine, décide qu'au cas de communauté aux acquêts, les époux prélèveront d'abord leurs apports mobiliers, se servant des mêmes expressions que l'article 1470, lorsqu'il veut caractériser les prélèvements immobiliers.

Qu'il s'agisse de meubles ou d'immeubles, le droit est donc le même dans les deux cas : le prélèvement se fera en nature, et non en valeur.

84. — Nous pouvons donc affirmer que les meubles propres de la femme ne tombent pas en communauté, à charge de récompense.

Plus spécialement dans notre matière, si le droit d'administration du mari allait jusqu'à l'aliénation, ce ne serait pas parce que la femme aurait dépouillé son droit de propriété au profit de la communauté et de son chef, pour ne conserver qu'un droit de créance, mais bien parce que le pouvoir d'administration du mari devrait aller jusqu'à lui permettre de disposer des propres de sa femme, celle-ci en conservant néanmoins la propriété pleine et entière.

Cette seconde proposition est-elle exacte?

Nous ne le croyons pas; nous ne voyons aucune raison pour déroger au principe, que nous nous sommes efforcé de mettre en lumière, à savoir qu'au seul propriétaire devait appartenir le droit d'accomplir certains actes sur le patrimoine, qui en modifient profondément la physionomie (1).

Cependant des auteurs ont prétendu que l'acte d'administration pour le mari sur les propres de sa femme n'était pas de la même nature que l'acte d'administration du mandataire conventionnel.

Ce serait un mandat qui devrait être interprété dans le sens le plus large, et d'après lequel le mari devrait être supposé autorisé à l'aliénation des capitaux mobiliers. L'article 1449, dit-on, en est la

(1) La jurisprudence est d'ailleurs fixée dans ce sens. Paris, 15 février 1839, S. 40.2.212; Req. rejet, 2 juillet 1840, S. 40.1. 887; Paris, 3 janvier 1852, S. 52.2.133; Req. rej., 5 novembre 1860, S. 61.1.49; Req. rej., 4 août 1862, S. 62.1.935; Paris, 21 février 1868, D. 68.2.49.

preuve ; en effet, l'administration que reprend la femme séparée (article 1449), est celle qui appartenait au mari sur ses propres sous la communauté (article 1428) ; et si la femme séparée de biens a le droit d'aliéner, sous certaines conditions, ses capitaux mobiliers, le même droit doit appartenir au mari, alors que les liens du mariage ne sont pas rompus.

Rien n'est plus téméraire que ce rapprochement ; la notion de l'acte d'administration est très différente, suivant qu'elle s'applique à quelqu'un administrant lui-même ses biens, ou à un individu ayant un pouvoir d'administration sur le patrimoine d'un autre.

La capacité du premier doit être suffisante pour qu'il puisse accomplir tous les actes qui doivent être utiles à la gestion de son patrimoine ; quant au second, il faudra, en principe, un texte de loi pour lui permettre d'accomplir un acte qui soit un empiétement sur le droit d'autrui.

Il ne peut donc être question d'un parallèle entre l'article 1428 et l'article 1449 ; l'administration que reprend la femme séparée n'est pas du tout celle qui appartenait au mari ; ce ne peut être la même, puisque entre ces deux administrations il n'y a aucun rapport, aucune commune mesure.

Quant à l'argument *à contrario* qu'on a voulu tirer

de l'article 1428, il n'est pas pour nous toucher davantage.

Sans doute, l'article 1428 ne parle pas de l'aliénation des meubles par le mari, et ce silence a pu paraître significatif à quelques-uns ; mais il suffit de remarquer qu'en cela, le Code ne fait que suivre un procédé qui lui est habituel ; en admettant même le bien fondé de l'argument *a contrario* : « La conclusion qu'on en peut légitimement tirer est celle-ci : l'aliénation du mobilier à la différence des immeubles constitue quelquefois un acte d'administration (1). »

85. — Nous ne voyons aucune raison pour ne pas assimiler le mari à un mandataire, avec des pouvoirs analogues à ceux que confère au mandataire conventionnel l'article 1988.

Car si un droit exorbitant se trouvait contenu dans le titre qui appartient au mari du chef de la communauté, si des pouvoirs très étendus étaient indispensables à son autorité, il faudrait admettre qu'aucune convention ne pourrait les restreindre.

Que si, au contraire, la femme peut, par une convention, se réserver la gestion de ses biens, nous devons logiquement en conclure que le droit d'administration du mari n'est pas d'ordre public, il ne reste

(1) Léon Michel, *loc. cit.*, p. 222, § 93.

plus alors qu'à se référer aux hypothèses ordinaires où se présente un mandat général d'administration.

L'intérêt du propriétaire, les prérogatives attachées à son droit de propriété, doivent toujours être respectées et rien, ni dans la loi, ni même dans la tradition, n'indique qu'on ait entendu déroger à ces règles, en conférant au mari, en tant que chef de la communauté, des pouvoirs spécialement étendus sur les biens propres de la femme.

86. — Nous devons cependant signaler une exception à ces principes, exception qui ne se trouve pas consignée dans les textes, mais que la jurisprudence a consacrée, et qu'elle applique avec tant de force qu'elle en est arrivée à lui donner l'autorité d'un véritable système législatif.

Il est admis aujourd'hui par une jurisprudence constante que la dot mobilière est inaliénable, mais que le mari puise dans son droit d'administration une capacité suffisante pour procéder seul à l'aliénation de la dot mobilière.

Sans vouloir examiner à fond cette délicate question, nous dirons simplement que la jurisprudence considère aujourd'hui le mari, non pas comme propriétaire des biens dotaux (1), mais comme un ad-

(1) Le mari, dans notre droit, n'est plus *dominus dotis*. V. arti-

ministrateur muni d'un mandat très large d'une nature toute spéciale, mandat qui irait jusqu'à lui permettre de procéder à l'aliénation des capitaux mobiliers (1).

L'étendue de ce mandat tiendrait à la façon même dont était compris et pratiqué le régime dotal, qui repose sur une idée de dessaisissement par la femme d'une partie de sa fortune dont elle remet la gestion entre les mains de son mari, sans qu'il lui soit permis de s'immiscer dans cette gestion.

L'adoption de ce régime témoignerait, de la part de la femme, une confiance absolue dans la capacité du mari; tout consentement donné par la femme serait entaché d'un vice originel, que rien ne pourrait purger.

La jurisprudence pour étayer sa théorie, s'appuie principalement sur des arguments d'ordre historique et pratique et sur l'article 1549 du Code, qui permet au mari de poursuivre les débiteurs et les détenteurs des biens dotaux et de recevoir le remboursement des capitaux.

Mais l'on peut répondre qu'autre chose est de donner quittance d'un capital mobilier, autre chose est

cle 1549, qui ne confère au mari que l'administration des biens, art. 1551 qui attribue au mari la propriété des meubles qui ont été estimés, art. 1566 qui conserve à la femme la propriété des meubles qui ne l'ont pas été. — V. Locré, *Législ. civ.*, 12, p. 295-471, 285. Cf. art. 1564, 1565, 1567 C. civ.

(1) En ce sens : Marcadé sur l'art. 1549 ; Aubry et Rau, t. 5, § 535; Duranton, 15, 404.

de procéder à l'aliénation d'une créance ; l'aliénation d'une créance implique une chose qui ne rentre pas dans les attributions d'un administrateur, elle comporte la substitution de la volonté de l'administrateur à la volonté présumée du propriétaire, et le détournement d'un élément du patrimoine de sa destination naturelle.

Le remboursement, au contraire, est une opération nécessaire, à laquelle on ne peut se soustraire, qui ne peut pas dès lors être accomplie à contretemps ou mal à propos, et dans laquelle le mari joue un rôle purement passif.

D'ailleurs, sur l'article 1428, la jurisprudence elle-même proclame le bien fondé de cette proposition, en refusant au mari le droit d'aliéner les créances et autres meubles incorporels, alors qu'il a au contraire toute latitude pour intenter les actions mobilières.

L'article 1549 ne nous paraît au contraire que faire une application pure et simple de l'article 1988 ; l'article 1549 fait l'énumération des actes que le mari peut faire, et dont l'accomplissement en l'absence de textes, aurait pu, en raison même de leur gravité, donner lieu à certaines difficultés :

Pour les immeubles, ce pouvoir ira jusqu'à lui permettre d'intenter une action immobilière, pour les créances dotales, jusqu'au droit d'en recevoir le paiement.

Quant à l'idée fondamentale qui se retrouverait au fond du régime dotal, il est aujourd'hui démontré qu'elle n'était pas reçue partout ;

D'ailleurs les époux sont libres de conférer au mari des pouvoirs très étendus en faisant faire l'estimation de leurs meubles dotaux; en dehors de ces clauses extensives du droit du mari, la notion de l'acte d'administration doit être la même pour lui que pour le mandataire conventionnel.

Au surplus, cette pensée de renoncement pouvait-elle à la rigueur se comprendre à une époque où les dots étaient constituées en immeubles ; elles seraient hors de propos aujourd'hui où la fortune mobilière a pris une si grande extension, et où l'hypothèque légale de la femme ne constituerait contre les risques d'insolvabilité du mari, qu'un moyen de protection peu efficace, et souvent illusoire.

La jurisprudence s'appuie en outre sur cette considération que le droit d'aliénation pour le mari est essentiel, pour sauver de la ruine les valeurs de la femme qui menacent de tomber à rien, ou pour éviter l'insolvabilité prochaine d'un débiteur. C'est, dit-on, poussée par des considérations d'ordre pratique que la jurisprudence, ayant adopté le système de l'inaliénabilité de la dot mobilière, a été amenée par la force même des choses, pour mettre les biens de la femme à l'abri d'une ruine certaine, à autoriser le mari à procéder à l'aliénation de ces biens (1).

Mais l'on peut répondre que l'inaliénabilité de la dot ne s'est jamais entendue que dans un sens, à savoir que la femme ne peut, sous aucun prétexte, compromettre la créance en reprise de sa dot en tant qu'universalité ; « en vendant conjointement avec le mari un meuble, elle n'entend nullement compromettre la créance du prix touché par le mari.

L'inaliénabilité est donc parfaitement conciliable avec la nécessité de l'intervention personnelle de la femme pour l'aliénation des biens meubles » (2).

Cette opinion semble, il est vrai, se trouver en opposition avec l'article 1555 qui fait exception au principe d'inaliénabilité lorsqu'il s'agit de l'établissement des enfants d'un premier lit ; cet article parle des biens dotaux, en général ; l'exception vise donc les meubles aussi ; la règle est par conséquent qu'ils sont inaliénables individuellement.

Le même argument se tire de l'article 1556. En pratique d'ailleurs, c'est ainsi que s'entend l'application du principe d'inaliénabilité car lorsque les époux se réservent la faculté d'aliéner certains biens

(1) Cass., 3 février 1879, S. 79.1.353. D. 79.1.246 ; Cass., 27 avril 1880, S. 80.1.360, D. 80.1.431.

(2) Léon Michel, *loc. cit.*, p. 237, § 107.

dotaux, l'exception s'étend aux meubles comme aux immeubles.

Mais que ce soit pour la raison que seule est inaliénable la créance de la femme, soit que l'on pense que nulle part ne se trouve formulé le principe de l'inaliénabilité de la dot mobilière, principe d'ailleurs qui avait rencontré au sein des Parlements, notamment au Parlement de Lyon, de sérieuses résistances (1), et qu'il ne serait pas étonnant que les auteurs du Code aient entendu restreindre la portée de l'inaliénabilité, au cas qui ne pouvait pas soulever de difficulté, c'est-à-dire à l'aliénation du fonds dotal, peu nous importe ; et nous pensons que rien n'autorise cette grave dérogation que l'on voudrait faire aux principes généraux du Code.

Enfin, quant à l'argument historique, en relisant avec soin le passage de Pothier où il traite de cette matière, il est à remarquer que le droit qu'il accorde au mari de disposer des biens meubles de la femme, sous le régime dotal, comme sous le régime de la communauté, n'est pour lui qu'une conséquence du caractère de fongibilité des meubles qui, dit-il, « s'altèrent et deviennent de nulle valeur, par un long usage ».

Au temps de Pothier, les valeurs mobilières, les

(1) V. Lescœur, *Revue critique*, t. 41, p. 380.

fonds de commerce, les droits de propriété littéraire ou industrielle, étaient peu ou n'étaient pas connus ; mais, même à l'époque de Pothier dans les cas, rares, il est vrai, où il est possible d'user d'un meuble sans le consommer, tout acte d'aliénation visant ces meubles, ne constituerait pas un acte d'administration (1).

Quoi qu'il en soit, il ne faut pas être lié par les précédents historiques, et que ce soit sous le régime de la communauté, ou sous le régime dotal, il faut dire que le mari ne devient jamais propriétaire des biens propres de sa femme (à l'exception de l'argent, des choses de consommation, des meubles mis à prix par le contrat ; que le mari n'est qu'un mandataire ordinaire qui doit, pour connaître les pouvoirs qui lui sont conférés, se référer à l'article 1988, qui traite des pouvoirs du mandataire conventionnel.

L'acte d'administration sera le même pour tous les deux, il aura les mêmes caractères, il se présentera sous la même forme ; le droit du propriétaire est toujours là, menaçant et fort ; il ne faut, sous aucun prétexte, essayer d'enrayer son pouvoir, et d'en annihiler les effets.

Il est évident que c'est l'intérêt économique qui a poussé la jurisprudence à adopter les solutions qu'elle

(1) V. en outre Bourgon, t. 10, p. 4, ch. 2, sect. 2, n°s 8 et 9 ; Renusson, *Des propres*, ch. 6, § 4, n°s 10 et 11.

a consacrées ; il est nécessaire, en effet, que la circulation des biens ne soit pas entravée. Mais, d'autre part, n'est-il pas excessif que le mari puisse librement compromettre en fait la créance dotale de sa femme, et le système idéal et qui concilierait toutes les exigences ne serait-il pas celui qui ferait que la femme ne pourrait pas compromettre sa créance dotale, mais d'un autre côté que ces biens ne soient pas livrés à l'arbitraire du mari ?

Le concours de la femme à l'aliénation de la dot mobilière, dans l'état actuel de notre législation, nous paraît être une chose excellente en soi, qui ne la protégerait pas, il est vrai, contre ses propres entraînements, mais qui ne la livrerait pas non plus, mains et poings liés, à l'arbitraire du mari (1).

(1) V. le Code italien, qui, par une disposition très sage, n'autorise l'aliénation des valeurs dotales qu'avec l'autorisation de la Chambre du conseil, et cela, chaque fois que cela paraîtra nécessaire.

CHAPITRE III

DES ADMINISTRATEURS DU PATRIMOINE D'AUTRUI DANS LES HYPOTHÈSES OU LE PROPRIÉTAIRE N'EST PAS EN ÉTAT D'AFFIRMER SON DROIT, ET OU LA LOI NE SUPPLÉE PAS A L'IMPOSSIBILITÉ DE LA MANIFESTATION DE SA VOLONTÉ.

87. — Nous avons répété maintes fois au cours de notre étude que l'acte qu'accomplissait valablement l'administrateur dans les limites de son droit, était celui qui, respectant l'identique individualité des divers éléments du patrimoine, ne nécessitait pas la substitution de la volonté de l'administrateur à la volonté présumée du propriétaire ; nous avons examiné à ce point de vue, le sens qu'il convenait d'attacher au mot acte d'administration opposé à l'acte de propriété.

Mais cette notion de l'acte d'administration ne s'applique qu'à des cas où le propriétaire est capable en fait d'affirmer une volonté intelligente ; or il est certaines hypothèses où l'administration a pour but de suppléer à une véritable incapacité naturelle.

Dans ces hypothèses, elle doit en arriver à s'étendre au delà des limites que nous lui avons tracées,au point d'absorber complètement le droit de propriété lui-même, de le couvrir et de se confondre avec lui ; dans ces hypothèses, le terme : acte d'administration aura une autre signification ; celui auquel est confiée, dans ces circonstances, la charge d'administration sur le patrimoine d'autrui, doit pouvoir en principe accomplir tous les actes utiles à la bonne gestion de ce patrimoine, que le propriétaire lui-même pourrait faire, sauf ceux qu'un texte formel lui dénie le droit d'accomplir.

Tels nous paraissent être les cas du tuteur, du père administrateur légal des biens de ses enfants, et de l'envoyé en possession provisoire des biens d'un absent.

Nous pouvons, dès à présent, faire deux observations qui nous paraissent très importantes, pour le bon entendement des explications qui vont suivre.

En premier lieu, c'est qu'une grande liberté laissée à l'administrateur ne représente pas, dans la réalité des choses, une diminution de garantie pour l'administré, car elle n'implique nullement l'irresponsabilité de l'administrateur. L'administrateur, muni de pouvoirs très étendus, peut encourir la même responsabilité et offrir, par conséquent, la même sécurité qu'un individu dont les pouvoirs seraient restrictivement déterminés par les textes ; en fait, tout se réduit à une question de solvabilité (1).

Notre seconde observation est dans cette remarque que les questions, dont nous abordons maintenant l'étude, ont beaucoup perdu de leur intérêt pratique dans la matière de la tutelle, depuis la loi du 27 février 1880 ; si les principes restent toujours entiers, il n'en est pas moins vrai que la loi de 1880 est venue trancher d'une façon très nette et qui ne peut laisser subsister aucun doute pour personne, une des questions de la matière les plus controversées, tant en doctrine qu'en jurisprudence.

SECTION I. — **Du tuteur.**

88. — Nous nous demanderons, en premier lieu, quel sera pour le tuteur l'acte qu'il accomplira, sans franchir les limites de son droit d'administration.

Deux systèmes principaux sont ici en présence : le tuteur, dit-on dans le premier, n'est qu'un administrateur ordinaire de la fortune d'autrui ; c'est la loi elle-même qui le qualifie ainsi ; c'est un mandataire légal dont le droit doit être modelé sur celui du man-

(1) Quant à la portée de la responsabilité du tuteur, l'intérêt du mineur en formera la mesure. — V. Carré et Chauveau, quest. 562 ; Thomine-Desmazures, t. I, p. 256 ; Boitard, t. I, n° 280.

dataire conventionnel de l'article 1988. Il ne pourra donc, sans sortir des termes de son mandat, accomplir aucun acte de disposition ; il convient cependant d'admettre deux tempéraments à ce principe, qui viennent l'atténuer dans ce qu'il aurait sans cela de trop rigoureux, et qui sont basés, l'un sur la nature économique de certains biens (c'est ainsi que le tuteur doit pouvoir procéder à l'aliénation des meubles corporels qui se consomment par le premier usage, se détériorent par le temps et sont dispendieux à conserver), l'autre sur le caractère juridique même de certains actes (le tuteur peut valablement poursuivre un débiteur du mineur, recevoir le remboursement, donner décharge d'un capital mobilier), tous actes qui, s'ils occasionnent une aliénation d'un élément du patrimoine, rentrent néanmoins, à raison de leur caractère de nécessité, dans la notion de l'administration.

Donc, pour le tuteur, la distinction sera encore à sa place, qui oppose l'acte d'administration à l'acte de propriété (1) ; et en dehors des dispositions, formellement édictées par un texte de loi, c'est encore à cette distinction qu'il faudra se référer.

L'article 450 en effet est formel ; il dit que le tuteur administrera ; or l'administration implique le fait de conserver, d'exploiter, de faire fructifier le patri-

(1) V. Laurent, t. I, nos 40 et s.

moine, sans qu'il puisse être permis à l'administrateur d'en altérer la physionomie propre ; le tuteur ne doit pas avoir ce droit ; lorsque la loi entend donner au tuteur un pouvoir plus grand, lorsqu'elle veut lui conférer le droit de passer certains actes qui dépassent l'administration, *stricto sensu*, elle le dit formellement. Mais à moins d'un texte précis qui l'habilite à passer certains actes qui dépassent les pouvoirs d'un administrateur de la fortune d'autrui, à moins d'une attribution formelle à cet égard, il ne doit pas franchir les limites du droit du mandataire conventionnel de l'article 1988.

Mais les partisans de cette théorie se divisent sur le point de savoir quelle sera l'autorité chargée de compléter la capacité du tuteur, autrement dit à quelles conditions le tuteur pourra faire les actes non spécialement prévus et qui dépassent les limites de l'administration, entendue dans un sens étroit.

Faudra-t-il l'intervention du conseil de famille (1)? Mais cette intervention serait tout à fait arbitraire. « Il est de principe incontesté que les pouvoirs du conseil de famille ont été limitativement déterminés, en dehors des cas expressément prévus, son intervention est illégale (2). »

(1) Fréminville, I, 235 ; Duranton, 3,555 ; Proudhon, 2, 377 ; Magnin, 1, 665, *Revue pratique*, 1873, t. 36, p. 145.

(2) Léon Michel, *loc. cit.*, n° 72, p. 204.

Exigera-t-on au contraire, pour que le tuteur puisse valablement accomplir un acte que la loi n'a pas entouré de formalités spéciales, l'homologation de justice ? Ici, encore, ce serait l'arbitraire, car rien ne permet de tirer du Code une telle induction (1).

(1) Remarquons que la question de la légitimité de l'intervention du conseil de famille, de l'effet qu'elle produirait sur l'acte accompli par le tuteur, ou du droit pour les tribunaux d'exercer un droit de contrôle et de surveillance sur la gestion du tuteur, mettent en jeu les questions de principe les plus délicates et se rattachent de très près aux règles les plus fondamentales de notre législation.

Sans vouloir traiter la question à fond il est, en effet, permis de concevoir, en matière de tutelle, plusieurs systèmes différents, l'un qui place le tuteur sous la surveillance d'une autorité supérieure, chargée de contrôler ses actes, et de diriger sa gestion dans tel ou tel sens, l'autre qui donnerait au tuteur les mêmes droits en principe qu'au propriétaire.

Le premier de ces systèmes se réfère au principe de l'autorité, le second se réclame du principe de la liberté.

Le premier système peut lui-même correspondre à plusieurs notions différentes, suivant que c'est à la famille (*Verwandschaftliche Vormundschaft*), ou à l'Etat seul (*Obrigkeitliche*), par l'organe des magistrats institués à cet effet, ou à l'Etat, mais en réservant les droits de la famille, que l'on accorde un pouvoir de contrôle.

Mais que le tuteur relève d'un conseil de famille, ou des autorités judiciaire ou administrative, il n'est jamais qu'un simple agent dont la capacité est restreinte aux actes les moins importants, ceux de la vie journalière, qui se présentent avec une fréquence telle, qu'il serait tout à fait inopportun de convoquer chaque fois un conseil de famille, ou de requérir le concours du magistrat (V. Ernest Lehr, *La tutelle des mineurs et les conseils de famille*).

En Italie (Code de 1865), l'organe principal de la tutelle est un conseil de famille ; mais celui-ci constitue un corps permanent ; c'est à lui, que le tuteur présente chaque année les états

89. — On peut dire que c'est s'inspirer de l'esprit qui animait les rédacteurs du Code que de décider que le tuteur doit pouvoir accomplir tous les actes

de son administration.

En Allemagne, avant le nouveau Code civil, et en exceptant la Prusse dont la loi de 1875, *Vormundschaftsordnung*, a inspiré le projet du nouveau Code civil et qui consacrait un autre principe, la tutelle relevait directement de l'autorité publique, le souverain exerce sur les incapables la haute tutelle (*Obervormundschaft*), par l'organe des magistrats qui nomment le tuteur et exercent sur son administration un contrôle de tous les instants ; la famille est complètement laissée de côté. Mais il se produit contre ce système trop rigoureux, et trop restrictif des droits de famille une réaction intéressante à étudier, qui aboutit à la tutelle, telle qu'elle est organisée dans le nouveau Code civil allemand et qui « admettant les conseils de famille à côté des autorités tutélaires du droit antérieur, ménage ainsi entre les deux systèmes extrêmes, une conciliation qui donnera peut-être un jour la note juste au milieu de toutes ces législations discordantes ».

L'autre système est celui de la liberté : la tutelle supplée à une incapacité naturelle ; le droit du mineur ne peut pas se manifester ; celui-ci n'est pas en état d'affirmer ses prérogatives de propriétaire, et comme il est nécessaire qu'il puisse être procédé à tous les actes de la vie juridique, la loi nomme un tuteur à la tête de son patrimoine ; ce tuteur le représente ; il administre pour lui ; où donc se trouvent les limitations à son droit d'administration ? Ni dans le texte de la loi, ni dans son esprit. Il est certain que les rédacteurs du Code, qu'ils s'en soient ou non rendu compte, ont tout d'abord regardé le tuteur comme étant le représentant du mineur.

Ce n'est que plus tard qu'ils ont subordonné certains actes à des formalités spéciales, laissant au tuteur une entière liberté pour ceux qu'ils ne réglementaient pas d'une façon formelle.

Cette théorie se rattache d'ailleurs au système de notre ancien droit français ; il est en harmonie avec les caractères généraux de notre législation, qui laisse une grande initiative à l'individu et restreint autant que possible soit l'intervention de la famille, soit surtout le contrôle de l'Etat.

autres que ceux qu'un texte lui enlève le droit de faire (1).

Le texte fondamental de la matière est l'article 450: « Le tuteur prendra soin de la personne du mineur, et le représentera dans tous les actes civils. Il administrera ses biens en bon père de famille, et répondra des dommages-intérêts qui pourraient résulter d'une mauvaise gestion. »

Tel est l'article dont les deux systèmes opposés tirent l'un et l'autre argument.

Le tuteur, dit-on dans le premier système, ne doit avoir que des pouvoirs restreints ; car le mot « administrer », qu'emploie l'article 450, a un sens précis en droit : c'est celui dans lequel il est pris dans les articles 1428 et 1988 ; le tuteur pourra donc vendre les meubles qui se consomment par le premier usage, ou qui se détériorent avec le temps ; il pourra toucher les revenus, en faire l'emploi qu'il lui conviendra, mais là s'arrêteront ses pouvoirs, car là aussi s'arrête l'administration.

Ce qui prouve d'une façon péremptoire, ajoutent les partisans de cette théorie, que telle était bien l'intention du Code, c'est la loi du 24 mars 1806 qui exonère les tuteurs de l'obligation d'obtenir le consen-

(1) Travaux préparatoires : Exposé des motifs par le conseiller d'Etat Berlier, séance du 28 avril an XI. — V. Pothier, *Des personnes*, p. I, t. 6, p. 2 ; Domat, *Lois civiles*, p. 2, t. I, S. 11, art. 2.

tement du conseil de famille pour l'aliénation des rentes de 50 francs, et au-dessous (1).

La règle était donc la nécessité d'une autorisation.

Nous répondrons de suite à cette dernière objection : il n'est pas certain que la loi de 1806 et le décret de 1813 aient le sens qu'on veut bien leur donner et qu'ils aient eu notamment en vue de remédier aux inconvénients qui résultaient de la nécessité d'une autorisation pour pouvoir procéder à la vente des meubles incorporels.

On peut envisager les choses à un autre point de vue, et dire que ce qui semble résulter des travaux préparatoires de la loi de 1806 et du décret de 1813 c'est que la seule formalité qui jusqu'à cette époque entourait l'aliénation des rentes, ce n'était pas la nécessité d'une autorisation, mais la formalité d'une vente aux enchères, après affiches et publications ; on assimilait par là les meubles corporels aux meubles incorporels et à ces deux catégories de biens, on appliquait uniformément les dispositions édictées par l'article 452.

Le but de la loi de 1806 semble donc avoir été de soustraire le transport des rentes à la nécessité d'une vente aux enchères et de revenir ainsi à une plus

(1) Le décret du 29 septembre 1813 applique la même disposition aux actions ou portions d'actions de la Banque de France, chaque fois qu'il s'agit d'une action ou d'un droit dans plusieurs actions, n'excédant pas en totalité une action entière.

saine interprétation des textes (1). On peut conclure que « la nécessité d'une autorisation n'est qu'une procédure nouvelle, le rachat, en quelque sorte, de la formalité des enchères à laquelle on voulait soustraire toute aliénation de rentes (2) ».

Mais peut-on au moins tirer argument du mot « administrer » que l'on rencontre dans l'article 450 ?

Nous en avons fait maintes fois la remarque, le mot administrer a en droit un sens qu'il est infiniment difficile de préciser et les pouvoirs d'administration du tuteur, d'après l'économie générale des articles de la matière, nous semblent bien plutôt être compris dans le premier alinéa de l'article 450 : « Le tuteur prendra soin de la personne du mineur et le représentera dans tous les actes civils. » Pas de tempérament et pas de restriction.

Quant au second alinéa, il marque la mesure dans laquelle le tuteur aura à rendre compte de son intervention dans les affaires du mineur ; le premier alinéa traite une question de pouvoirs, le second une

(1) L'article 452 ne s'applique en effet qu'aux meubles corporels ; cela ressort d'abord des motifs de la disposition de l'article, dont le but est de convertir en un capital productif des meubles qui se détériorent par l'usage ; or une telle règle ne peut s'appliquer aux meubles incorporels ; il faut ensuite remarquer que, nulle part, le Code de procédure n'a organisé la vente aux enchères des meubles incorporels, à l'exception des rentes sur particuliers (art. 636, 655, C. de proc.).

(2) Léon Michel, *loc. cit.*, n° 71, p. 203 ; Aubry et Rau, t. 1, n° 112, t. 6, n° 618 ; Valette, *Explication sommaire du livre* 1er.

question de responsabilité, ce qui est bien différent (1).

Ce serait d'ailleurs une surprise déloyale, chaque fois que l'on rencontre une disposition de la loi traitant de l'administration, de faire sortir immédiatement de ce terme, l'opposition entre l'acte d'administration et l'acte de propriété. Le mot administrer peut avoir un sens large ; il peut être synonyme de gérer, faire fructifier, et c'est bien en ce sens que le mot semble être pris dans l'article 450.

L'administrateur doit respecter les prérogatives qui s'attachent au droit du propriétaire, mais, pour cela il est indispensable que ce dernier ne soit pas naturellement incapable, et qu'il puisse au contraire logiquement affirmer son droit.

Or ici, ce n'est pas le cas : l'administration du tuteur comprendra donc tous les actes juridiques ; seuls seront soumis à certaines formalités ceux spécialement déterminés par la loi.

Remarquons que ces principes ne sont nullement en contradiction avec la notion de l'acte d'administration, dont nous avons esquissé la physionomie à propos du mandataire conventionnel et du mari,

(1) La jurisprudence est d'ailleurs dans ce sens : Cass., 3 février 1873, S. 73.1.61 et 4 août 1873, D. 75.5.468, S. 73.1.441. — Besançon, 16 janvier 1891, D. 91.2.279. — V. cep. Cass., 1er avril 1889, S. 89.1.21 et 6 mars 1893, D. 93.1.473.

administrateur des propres de la femme ; il est parfaitement légitime de considérer, comme nous l'avons fait, l'acte d'administration comme étant, pour les administrateurs du bien d'autrui, l'acte qui fait jouer à chaque élément du patrimoine son rôle et sa fonction naturels, celui par lequel l'administrateur ne substitue en aucune façon sa volonté à celle du propriétaire, et de considérer néanmoins comme rentrant dans les pouvoirs d'administration du tuteur, tous les actes autres, que ceux formellement prohibés ou réglementés par un texte de loi : il n'y a aucune antinomie irréductible entre ces deux idées.

Dans le cas du tuteur, nous avons un individu qui est placé par la loi à la tête du patrimoine d'un tiers; à raison de la situation d'incapacité naturelle dans laquelle se trouve le mineur, en l'absence aussi d'une autorité constituée d'une façon permanente et destinée aussi à suppléer à l'impossibilité d'une manifestation de la volonté de l'incapable, le tuteur, qui représente ce dernier dans tous les actes civils, doit avoir, en principe, les mêmes droits que lui ; il sera un administrateur à qui appartiendra le droit d'accomplir des actes de propriété.

90. — Nous pouvons néanmoins faire immédiatement cette remarque que, depuis la loi du 27 février 1880 sur l'aliénation des valeurs mobilières appartenant aux mineurs et interdits et la conversion de ces

valeurs, la question a beaucoup perdu de son intérêt pratique.

On connaît le but de la loi ; en présence d'une jurisprudence à peu près constante, qui autorisait le tuteur à aliéner librement les valeurs mobilières (à l'exception des titres de rente sur l'État et des actions de la banque), et qui en cela, d'ailleurs, ne faisait que sanctionner les véritables principes de notre législation (1), on comprit que le patrimoine des mineurs ne pouvait pas rester plus longtemps exposé aux périls d'une gestion aventureuse.

« La garantie que les rédacteurs du Code civil avaient cru trouver dans l'hypothèque légale qui doit grever les immeubles des tuteurs devenait souvent illusoire, ceux-ci ne possédant qu'une fortune mobilière, livrée à tous les hasards du commerce et de l'industrie. Il devenait indispensable de mettre fin à cette situation qui présentait des dangers sérieux pour la fortune des mineurs et interdits, et le seul moyen était de régler par une disposition législative les droits et les devoirs du tuteur en ce qui concerne l'aliénation et la conversion des valeurs mobilières appartenant à leurs pupilles (2). »

(1) Tr. Seine, 14 janv. 1859 ; Bioche, *Journ. proc.*, n° 6870 ; Trib. Seine, Ch. du cons., 28 déc. 1849, 8 janv. 1851, 9 déc. 1852, 4 janv. 1854 ; Bertin, *Ch. du cons.*, II, p. 506 ; Cass., 4 août 1873, S. 73.1.441, D. P. 75.5.468. — V. Aubry et Rau, t. I, § 113, p. 459 ; Demolombe, *Tutelle*, t. I, n° 572 ; Massé et Vergé, t. I, § 224, p. 433 ; Buchère, *Traité des valeurs mob.*, n° 399.

(2) Buchère, *Comm.*

La loi de 1880 décida alors que le tuteur ne pourra désormais aliéner, sans y être autorisé préalablement par le conseil de famille, les rentes, actions, parts d'intérêts, obligations et autres meubles incorporels quelconques appartenant au mineur ou à l'interdit ; lorsque la valeur des meubles à aliéner dépassera, d'après l'appréciation du conseil de famille, 1.500 fr. en capital, la délibération du conseil devra en outre être soumise à l'homologation des tribunaux (art. 1 et 2).

La loi, dans son article 5, fait de plus une obligation pour le tuteur de convertir les titres au porteur appartenant au mineur en titres nominatifs, et décide dans son article 10 que la conversion de tous titres nominatifs en titres au porteur est soumise aux mêmes conditions et formalités que l'aliénation de ces titres. Ces deux dispositions corrélatives ne constituent que le développement du principe de la protection qui doit être accordée à la fortune mobilière.

Enfin le tuteur doit, dans un certain délai, faire emploi des capitaux (art. 10).

L'emploi des capitaux disponibles est, avant tout, un acte d'administration ; car le premier devoir de l'administration est, sans contredit, de faire produire aux capitaux tous les revenus dont ils sont susceptibles, et dès lors, d'en faire emploi dans le plus bref délai possible.

Pourquoi la loi de 1880 a-t-elle cru nécessaire de

renouveler ses prescriptions et de rappeler au tuteur l'obligation qui, de droit, est imposée à tous ceux qui administrent le patrimoine d'autrui, de régler le meilleur mode d'exploitation de chaque bien, et de lui faire produire le plus grand rendement possible?

C'est d'abord que les articles 454, 455 et 456 qui obligent le tuteur à faire déterminer par le conseil de famille la somme à laquelle commence l'obligation d'employer l'excédent des revenus sur la dépense, articles qui doivent être étendus à toutes les sommes que le tuteur peut recueillir, sont sans application à la tutelle des père et mère;

En second lieu, il avait été jugé que lorsque le mineur n'a que des revenus minimes, le tuteur n'a pas besoin de faire déterminer la somme à laquelle doit commencer l'emploi (1).

Le tuteur, dans ces circonstances, consomme les capitaux à mesure qu'ils sont remboursés, et la responsabilité qu'il encourt est résolue par une appréciation des faits ; le juge devra rechercher si le tuteur a agi en bon père de famille en employant les capitaux à subvenir aux besoins du pupille au lieu d'en opérer le placement.

Telles sont, d'une manière générale, les raisons qui ont poussé les législateurs à déterminer expressément l'obligation pour le tuteur de faire emploi,

(1) Douai, 5 juin 1846, S. V. 48.2.233 ; Cass., 9 juillet 1866, S. V. 66.1.381.

dans un délai de trois mois, des capitaux appartenant au mineur.

La loi de 1880 est donc venue enlever une partie de l'intérêt pratique qui s'attachait à la question de savoir la portée qu'il convenait de donner aux pouvoirs d'administration du tuteur, et la mesure exacte dans laquelle la personnalité de ce dernier se substituait à celle du propriétaire.

Mais le principe d'une administration, dans un sens très large, sans autre entrave que les restrictions apportées par les textes, n'a pas, pour cela, été ébranlé.

Ce qu'il faut dire, c'est que la loi de 1880 n'a point eu pour objet de modifier les principes posés par le Code civil ; ceux-ci exigent toujours que l'administration du tuteur s'entende dans le sens le plus large possible et le plus conforme à son titre de représentant légal du mineur ; la loi de 1880 a bien plutôt eu pour but de modifier la condition économique de certains biens du patrimoine du mineur, que de restreindre directement la capacité juridique du tuteur.

Sans doute, la loi de 1880 fut motivée en premier lieu, par l'importance considérable qu'avait prise la fortune mobilière, et par le désir très légitime de protéger, d'une manière efficace, cette nouvelle source de richesse pour les incapables, contre les dilapidations et les spéculations du tuteur : mais c'est le fondement juridique lui-même de la distinction entre les meubles et les immeubles qui fait que le législateur de 1880 est intervenu dans la réglementation de cette partie de la fortune privée.

La distinction entre les meubles et les immeubles dérive tout d'abord de la nature même des choses ; elle trouve encore sa raison dans la nécessité économique qui exige que le patrimoine soit divisé en deux éléments, l'un fixe, l'autre mouvant.

Toute entrave apportée à la libre circulation des biens composant ce second élément, son assimilation avec le premier élément constituera bien une protection accordée aux fortunes des particuliers, mais elle portera atteinte en même temps à la libre circulation, et entravera leur développement, au détriment de la fortune publique.

« Il y a un lien mystérieux, mais très réel, entre toutes les choses d'ordre moral et d'ordre matériel, et il est arrivé que l'aliénation des valeurs mobilières n'ayant pas trouvé d'entraves dans la législation, et ayant été absolument libre, ces valeurs ont pris un développement dont on ne peut méconnaître les salutaires effets » (1).

Pour déterminer la mesure exacte dans laquelle

(1) Discours de M. de Gavardie au Sénat, séance du Sénat du 24 mai 1878, *Journal officiel*, 25 mai 1878. V. Léon Michel, *loc. cit.*, p. 160, n° 27.

une protection est due à l'élément circulant de la fortune, c'est-à-dire, d'une manière générale, à tous les meubles et plus particulièrement aux valeurs mobilières, il faudra trouver une conciliation entre la loi économique d'une part, qui veut qu'il y ait la plus active circulation possible de biens, et la loi sociale de l'autre, qui exige que les fortunes des particuliers soient soustraites à des revirements trop soudains ; « Dans l'organisation de la société moderne, l'unité est sans doute l'individu... mais la prospérité de l'État dépend de l'existence des familles forcément organisées, se perpétuant de génération en génération et conservant, avec la tradition des ancêtres, un patrimoine soustrait, autant que faire se peut, à de subits bouleversements » (1).

Si donc la loi de 1880 est intervenue, ce n'est pas seulement parce que la fortune mobilière avait pris, dans le courant du siècle, une importance très considérable, et qu'il convenait, à raison de la place qu'elle tenait dans les fortunes privées, de la protéger d'une façon toute particulière ; si tel avait été le point de vue auquel s'était placé le législateur de 1880, ce n'est pas par une loi, dont le champ d'application est limité par son titre même ; mais c'est par une mesure générale qu'il convenait d'intervenir par une mesure qui aurait modifié l'économie géné-

(1) Léon Michel, *loc. cit.* V. Le Play, *L'organisation de la famille.*

rale de la condition juridique des meubles ; or, tel n'est pas l'objet de la loi, qui se réfère uniquement à l'aliénation des valeurs mobilières appartenant aux mineurs et aux interdits.

Plus la fortune mobilière augmente dans de larges proportions, et plus l'intérêt général est intéressé à ce qu'elle soit efficacement protégée contre une dilapidation facile, provenant d'un manque de réglementation ; mais plus aussi, en sens contraire, l'intérêt économique exige une grande liberté pour la plus complète circulation de ces biens ; on pourrait dire que ces deux considérations, agissant en sens contraire, devraient réciproquement s'annuler et qu'en raison de ce double besoin, la distinction faite par le Code, devrait subsister, toujours la même, avec, pour chaque catégorie de biens, les mesures édictées par lui et son mode de réglementation spéciale.

Cette manière de voir est exacte pour toutes les hypothèses autres que celles de la tutelle, et ce qui le prouve, c'est que la réglementation de la fortune mobilière n'a pas subi de modification profonde depuis la rédaction du Code.

Mais, dans la matière spéciale de la tutelle, il a semblé au législateur que l'accroissement de la fortune mobilière n'avait pas agi dans la même proportion et avec la même force sur ces deux éléments, à savoir la notion économique de la circulation et la notion sociale de la conservation des biens, et que l'équilibre et la conciliation tentés par le Code, se trouvaient dès lors rompus.

Le législateur a pensé, qu'en matière de tutelle, eu égard au rôle qu'elle est appelée à jouer, une même augmentation de la fortune mobilière avait agi plus profondément dans le sens de la conservation des biens que dans celui d'une entière liberté dans leur circulation.

« Les titres appartenant aux mineurs et aux interdits doivent constituer des placements de tout repos et rester en dehors de la circulation journalière, qui est la conséquence des spéculations, et qui répond aux besoins du commerce ; leur aliénation peut être considérée comme un fait exceptionnel, les entraves qui y sont apportées par la loi n'auront donc aucun effet sur le développement de la fortune mobilière » (1).

Tel est l'esprit dans lequel a été conçue la loi de 1880 ; elle n'a pas pour but premier de restreindre les pouvoirs du tuteur à des droits de simple administration sur le patrimoine du mineur ; les restrictions qu'elle apporte à la circulation des valeurs mobilières, les formalités dont elle entoure leur aliénation, tout cela, tient moins aux pouvoirs du tuteur et à

(1) Buchère, *loc. cit.*, p. 12, n° 12.

l'étendue de son droit, qu'à la nature même de ces biens, considérés en eux-mêmes, au point de vue de la place qu'ils occupent dans l'ensemble de la fortune, et du rôle économique qu'ils sont appelés à jouer, dans un patrimoine qui, comme celui des mineurs et des interdits, doit avant tout, autant que faire se peut, conserver son intégralité tout entière.

Si donc le tuteur ne peut plus librement aliéner les valeurs mobilières appartenant aux mineurs, ce n'est pas parce qu'il n'a que des droits d'administration restreints, mais c'est qu'étant donné les circonstances dans lesquelles a lieu la tutelle, et le but qu'elle doit remplir, le législateur a pensé, qu'indépendamment même des pouvoirs de celui qui l'exerce, il convenait d'entourer de certaines formalités l'aliénation des valeurs mobilières ; ce qu'il est essentiel de remarquer ici, c'est que le droit d'administration du tuteur ne s'en trouve, en principe, nullement diminué.

Ce sont les valeurs mobilières qui sont frappées ; ce n'est pas le tuteur ; ce n'est pas une incapacité que le législateur édicte, c'est une indisponibilité qu'il crée ; car le tuteur est une personne capable, chargée de protéger les intérêts d'un incapable ; comment concevoir qu'elle soit à son tour frappée d'incapacité ? On ne peut pas créer des échelles d'incapacité ; incapacité sur incapacité ne vaut, pourrait-on dire.

La loi de 1880 a donc eu pour but de modifier la

condition juridique du patrimoine du pupille, non de créer, à proprement parler, une diminution des pouvoirs du tuteur.

C'est le patrimoine qui est atteint ; et si, en fait, le tuteur l'est aussi, ce n'est que par reflet, par contre-coup ; la notion même de son administration n'en est pas pour cela modifiée.

Au surplus, la question de l'acte d'administration pour le tuteur reste entière, en ce qui concerne, par exemple, l'aliénation des meubles corporels, même d'un grand prix, tels que des objets d'art, des tableaux, que le tuteur accomplira valablement dans la juste limite de ses droits ; ces meubles corporels, qui peuvent atteindre une valeur considérable, constituent un capital susceptible de plus-value, et c'est en raison de ce caractère que nous n'avons pas reconnu à l'administrateur conventionnel et au mari le droit d'en opérer l'aliénation.

Ici, le point de vue n'est pas le même ; car le tuteur doit avoir, en principe, les mêmes droits que le propriétaire, sauf ceux qui lui sont formellement enlevés par un texte (1).

(1) V. Beudant, *De l'état et de la capacité des personnes*, t. 2, p. 513. — Le tuteur pourra aussi procéder aux acquisitions de meubles ou d'immeubles. Il a qualité pour recevoir tous les capitaux appartenant au mineur (Pau, 26 mai 1879, D. P. 1880. 2.131), pour faire emploi et effectuer le paiement des capitaux. — V. cependant la distinction faite par la jurisprudence, qui permet au tuteur de souscrire à une émission de valeurs d'Etat et qui lui dénie le droit de souscrire à une émission de valeurs in-

Quoi qu'il en soit, depuis la disposition de la loi de 1880, qui, dans son article 6, impose à tous les tuteurs l'obligation de faire emploi dans un délai très court des capitaux que le mineur peut recueillir, si minime qu'en soit la valeur, la liberté du droit de l'administration du tuteur se trouve restreinte au point de ne plus offrir de danger sérieux pour les intérêts du mineur, qui trouvera toujours devant lui un tuteur, responsable d'un mauvais placement de ses capitaux, à plus forte raison du défaut de placement.

Ce qu'il faut bien remarquer, c'est que la notion de l'administration tutélaire est limitée et définie par un certain nombre de principes, qui consacrent pour le tuteur un pouvoir dont le caractère, absolu en théorie, est pratiquement tempéré dans la réalité des faits par toute une série de règles, soit de droit commun, soit découlant des lois spéciales.

Ces règles viennent racheter ce que le titre de représentant légal du mineur semblerait donner de trop absolu au tuteur.

Tout compte fait, et en considérant de haut, dans la pratique des choses, l'administration du tuteur, de l'ensemble des principes qui le régissent, il résulte une administration qui ne laisse entre les mains du tuteur qu'une somme très moyenne de droits, qui

dustrielles. — Paris, 21 mai 1884, D. P. 1885.II.177, S. 1885. 2. 97, note de M. Lyon-Caen; 13 janvier 1885, S. 86.2.101.

fait de lui, un administrateur encourant une responsabilité définie par le second alinéa de l'article 450, et dont le souci principal doit être d'exploiter les biens, de les faire fructifier au mieux des intérêts qui lui sont confiés tout en restant dans un juste milieu et en s'abstenant d'accomplir les actes extrêmes.

SECTION II. — **Du père administrateur légal.**

91. — En ce qui concerne l'acte d'administration, pour le père administrateur légal des biens de ses enfants (article 389), la notion doit en être théoriquement la même que pour le tuteur.

Sans doute, ici encore, *stricto sensu*, l'acte d'administration ne sera que celui qui respecte l'identique individualité des différents éléments du patrimoine, celui qui, par conséquent, portera sur le revenu ou sur ce qui lui est assimilable, mais il n'en est pas moins vrai que tout acte qui n'est pas prévu par la loi rentre pour le père dans ses pouvoirs d'administration, ce mot étant pris dans son sens le plus large.

L'enfant mineur qui a encore ses père et mère, aussi bien que le mineur en tutelle, sont dans un état d'incapacité naturelle d'affirmer leurs droits ; celui qui est nommé à la tête de leur patrimoine n'a pas à se préoccuper de ne pas aller à l'encontre du droit du propriétaire ; ce droit, s'il a déjà une existence juridique, n'a encore aucune existence réelle, vu l'impossibilité où il est de s'exercer.

Il ne pourra donc jamais être question de la part du père, comme d'ailleurs de la part du tuteur, de la substitution de sa volonté à celle du propriétaire ; tout autre doit être sa préoccupation, tout autre aussi est sa mission ; il ne complète pas la capacité juridique de celui dont les biens sont confiés à son administration ; à lui seul il la constitue ; il est son représentant légal, et il doit rentrer dans son pouvoir d'administration, *lato sensu*, le droit à tous les actes que pourrait accomplir le propriétaire lui-même, s'il n'en était pas empêché par une incapacité naturelle.

92. — Cependant ce point de vue est loin d'être admis par tous les auteurs ; nulle matière plus que l'administration légale du père, n'a donné lieu à d'aussi vives controverses doctrinales, et ne mériterait davantage de faire l'objet d'une nouvelle disposition législative.

Le Code, en effet, est très laconique ; le seul article relatif à l'administration légale est l'article 389 : « Le père est, durant le mariage, administrateur des biens personnels de ses enfants mineurs. Il est comptable, quant à la propriété et aux revenus des biens dont il n'a pas la jouissance ; et quant à la propriété seulement de ceux des biens dont la loi lui donne l'usufruit. »

Quel est ici le sens exact du mot « administrateur », et quels sont les éléments qui constituent pour le père, l'acte d'administration?

93. — Nous connaissons déjà, pour l'avoir combattue au début de notre étude, l'opinion d'un auteur (1), qui, prenant le mot administration dans un sens étroit, et faisant l'opposition entre l'acte d'administration et l'acte de disposition, autorise le père à passer les premiers et lui interdit l'accomplissement de tous ceux qui rentrent dans la deuxième catégorie.

Nous ne reviendrons pas sur les explications que nous avons données à ce sujet et sur la réfutation que nous avons faite de ce système, réfutation basée sur l'impossibilité où l'on était de concevoir juridiquement un acte qui n'entraînât pas nécessairement avec lui l'aliénation d'un élément du patrimoine ; pas plus ici qu'ailleurs, la loi ne fait la distinction entre l'acte d'administration et l'acte de disposition.

94. — Le père, administrateur légal, cela est admis universellement aujourd'hui, n'est pas soumis aux mesures de précaution prises pour assurer la restitution des biens du pupille et la bonne gestion

(1) Laurent, t. IV, n° 302.

de son patrimoine ; notamment il n'est pas soumis au contrôle et à la surveillance du conseil de famille ; cela est certain (1).

Mais ne peut-on pas, jusqu'à un certain point, concevoir un rapprochement entre la situation juridique du tuteur, et celle du père, administrateur légal ? Elles répondent toutes deux à un même besoin, l'une et l'autre ont pour but de suppléer à une incapacité naturelle ; ne serait-il pas logique de les soumettre aux mêmes règles ?

En fait, où voit-on qu'il y ait une si grande différence entre un père administrateur et un père tuteur ? Ne peut-on pas concevoir identité de pouvoirs entre eux, sans qu'il résulte pour cela cette conséquence qu'un même pouvoir complète leur capacité ? Un même principe dirigeant ne pourra-t-il pas servir à définir l'administration du père et celle du tuteur (2) ?

Cette solution très simple, paraît résulter de la place qu'occupe l'article 389, au début même du chapitre relatif à la tutelle des père et mère, et en

(1) Demolombe, *Traité de la puissance paternelle*, nos 413 et 426 ; Aubry et Rau, t. I, § 123 ; Valette, *Cours de Code civil*, t. 1, p. 500 sur l'article 389-1.

(2) V. Merlin, *Quest. de droit*, t. 6, V° *Usufruit paternel* ; Valette sur Proudhon, t. 2, p. 233 ; Ducaurroy, Bonnier et Roustain, *Code civil*, t. I, art. 389, n° 589 ; Demolombe, t. 6, n° 446 ; Aubry et Rau, p. 505 et s., § 123, texte et note 28 et s.

outre des articles 953 et 954 du Code de procédure, qui semblent soumettre tous les mineurs à la même règle, quand il s'agit d'hypothéquer ou d'aliéner leurs immeubles, et ne distinguent pas entre ceux qui sont en tutelle, et ceux dont les biens sont placés sous l'administration légale.

Sans donc vouloir prétendre qu'il y ait identité absolue entre la situation juridique du père et celle du tuteur, on peut relever entre elles des analogies, qui rendraient assez légitime un rapprochement entre leurs situations respectives, et c'est en effet dans ce sens que se prononcent un grand nombre de décisions judiciaires, qui reconnaissent au père, administrateur légal, les mêmes pouvoirs qu'au tuteur, ni plus, ni moins (1).

95. — Si cette manière de voir paraît assez exacte en soi, elle n'est pas la seule qui rende compte de l'étendue qu'il convient d'accorder au droit d'administration du père, et l'on peut légitimement se faire une conception des pouvoirs du père qui ne soit pas identiquement semblable à l'administration du tuteur, mais qui se rattache néanmoins au même principe.

Nous avons dit, à propos du tuteur, que celui-ci devait, en principe, avoir les mêmes droits que le

(1) Tr. de Villefranche, 12 mars 1887, S. 87.2.117; Tr. de la Seine, 29 avril 1891, journal *La Loi* du 5 juin 1891.

propriétaire, et cela parce qu'il suppléait à une incapacité naturelle, et que la loi n'organisait nulle part une autorité permanente, chargée de suppléer au défaut de volonté de l'incapable ; telle nous paraît devoir être aussi la nature du droit du père.

Cependant des auteurs dénient à ce dernier le droit qu'ils accordent au premier et appuient cette solution sur le fait que l'article 389 qualifie simplement le père « administrateur », sans spécifier davantage, alors que l'article 450 prononce, il est vrai, le même mot administrer, mais cela, à la suite de la désignation de « représentant » du mineur, dont ils qualifient le tuteur ; l'absence de ce mot dans l'article 389 ne permettrait pas, selon ces auteurs, d'appliquer les mêmes règles dans les deux hypothèses, et tandis que le tuteur doit avoir un droit d'administration très largement entendu, le père n'aurait, ni plus, ni moins de droits qu'un administrateur conventionnel de la fortune d'autrui (1).

Cette solution nous paraît difficile à soutenir ; si nous avons été amené à accorder de larges pouvoirs au tuteur, ce n'est pas seulement à raison du terme de représentant du mineur, que l'on rencontre dans l'article 450.

(1) V. Beudant, *De l'état et de la capacité des personnes*, t. 2, p. 375 et s. — V. Tr. de la Seine, 11 août 1894, *Le Droit*, du 27 octobre 1894 ; Douai, 22 janvier 1894, D. 94.2.296, S. 94.2. 311. — *Contrà* : Dijon, 31 décembre 1891, D. P. 1892.2.233 (et la note de M. de Loynes), S. 94.2.158.

Outre que les mots « il le représentera dans tous les actes de la vie civile » peuvent être envisagés comme n'étant destinés qu'à faire opposition au système romain, d'après lequel le mineur agissait lui-même, en personne, avec l'*auctoritas* de son tuteur, un système qui n'aurait d'autre appui que cet unique argument serait aisément réfutable ; c'est par des considérations tirées de la nature même des choses que nous avons reconnu au tuteur le droit de procéder à tous les actes non prévus par la loi ; des raisons plus fortes encore ici, militent en faveur de la même solution ; ce serait singulièrement affaiblir la puissance paternelle, dont l'administration légale n'est qu'un attribut, que de vouloir confiner le droit du père dans des limites trop étroites, et ce serait aussi une mesure de précaution qui peut, à juste titre, sembler superflue :

« Les deux époux sont là, ils se contrôlent réciproquement, de telle sorte que c'est dans leur union, dans leur existence, dans le sentiment conjugal que nous trouvons cette garantie qui, sous l'administration légale du père, remplace le subrogé tuteur et le conseil de famille.

Il y a encore une autre raison, c'est que le père a la jouissance légale. C'est là la raison d'être, du moins en partie, de son administration. Pourquoi l'a-t-il ? Parce qu'il a l'autorité, et mieux que l'autorité, la puissance paternelle. Il était donc nécessairement et doit rester administrateur légal, dans les conditions où toutes les sociétés l'ont toujours reconnu (1). »

La seule restriction qui puisse être admise est celle qui résulte des articles 953 et 954 du Code de procédure, qui exigent, pour l'aliénation des immeubles, l'autorisation du conseil de famille et l'homologation du tribunal, sans distinguer si les mineurs auxquels ces immeubles appartiennent sont soumis à l'administration légale ou à la tutelle ; et c'est bien en effet dans ce sens que paraît se dessiner la jurisprudence; c'est au principe de l'omnipotence du père que se réfère le jugement rendu par le Tribunal de la Seine du 27 avril 1882 (2), qui décide que le père a pleins pouvoirs pour vendre les titres de rente sur l'Etat appartenant à ses enfants mineurs et non émancipés ; c'est par application de ce même principe que la Cour d'Amiens a rendu une décision semblable relativement à des actions du Chemin de fer du Nord (3), que cette même Cour a décidé (4) que le père peut transiger, au nom de son enfant mineur, sur les droits mobiliers de celui-ci, sans avoir à remplir aucune formalité.

Enfin, statuant toujours dans le même sens, un arrêt de la Cour de Dijon (5) décide que « les règles

(1) Séance du Sénat, 2 mai 1878. S. V. *Lois ann.*, 1880, p. 547.
(2) S. 82.2.207.
(3) 11 juin 1890, D. 91.2.335, S. 92.2.15.
(4) 1er mars 1883, S. 84.2.41, D. 84.2.150.
(5) Dijon, 31 décembre 1891, D. 92.2.233.

de la tutelle ne sont pas applicables en principe au père administrateur légal pendant le mariage des biens de ses enfants mineurs ; il n'est pas astreint au contrôle et à la surveillance auxquels la loi a jugé utile de soumettre les actes du tuteur. En conséquence le père peut faire seul, non seulement les actes qui sont permis au tuteur, mais encore les actes que celui-ci ne peut accomplir qu'après avoir consulté le conseil de famille, que l'avis de celui-ci doive ou non être homologué par le tribunal. »

Nous ne nions pas que cette façon de voir puisse présenter des dangers pour l'enfant ; mais encore, ne faudrait-il pas cependant exagérer les inconvénients pratiques qui résultent de ce système ; en fait, il est assez rare que l'enfant mineur ait des intérêts personnels ; en aurait-il que la présence des deux époux est un assez sûr garant de la bonne conduite de ces intérêts : « la famille existe tout entière, elle est représentée par les deux époux, leur union, leurs efforts communs paraissent être autant d'éléments de sécurité pour les intérêts que le mineur peut personnellement posséder, ce qui est, du reste, assez exceptionnel. En tout cas, il y a là une garantie morale et une garantie matérielle (1) ».

96. — D'ailleurs, nous devons ajouter que le

(1) Premier rapport de M. Denormandie au Sénat, *Journal officiel*, 7 mai 1878.

26 novembre 1881, M. Cazot, alors ministre de la justice, déposa sur le bureau de la Chambre des députés un projet de loi relatif à l'administration légale du père (1). D'après ce projet de loi, l'article 389 du Code devait être remplacé par les dispositions suivantes : « le père administrateur ne peut faire aucun acte excédant l'administration des biens de ses enfants mineurs, sans recourir à une autorisation de justice donnée par le Tribunal en Chambre du Conseil. Sont considérés comme excédant l'administration et soumis par suite à l'autorisation précédente, tous les actes d'aliénation, de conversion et d'emploi des valeurs mobilières, prévus par les articles 1, 3, 4, 5, 6 de la loi du 27 février 1880. »

Quoi qu'il en soit,le projet de 1881 n'étant pas encore venu en discussion, il faut bien admettre que l'administration du père n'est pas celle du mandataire conventionnel, pas plus qu'elle n'est celle du mari.

C'est une administration qui est, en principe, modelée sur celle du tuteur, en ce que le père et le tuteur doivent avoir tous deux des pouvoirs très étendus, puisque, dans les deux hypothèses, celui dont la loi leur confie les intérêts, n'est pas en état d'affirmer sa volonté ; il n'y aura donc jamais un empiétement

(1) V. Documents parlementaires de la Chambre des députés, *Journal officiel* de 1881, p. 1834.

du droit de l'administrateur sur celui du propriétaire; l'administrateur ne complétera pas la personnalité juridique de l'administrateur ; il la constitue, et quoique le mot « représentant » ne se trouve pas écrit dans notre matière, nous n'en croyons pas moins que le père, administrateur légal, représente ses enfants mineurs dans tous les actes de la vie juridique, et qu'il doit, par conséquent, avoir une capacité très étendue.

Aussi bien, si nous cherchons dans la réalité des faits à quel point de vue cette large administration peut présenter quelques dangers, il faut se reporter au projet de 1881.

Ici, le législateur avait toute liberté pour faire une loi générale, édicter telles mesures de prudence que pouvait comporter la situation, et apporter telles restrictions qu'il convenait à l'omnipotence du droit du père ; or, sur quoi porte le projet de 1881 ?

Il se borne simplement à réglementer le sort des valeurs mobilières ; il traite de leur aliénation, de leur conversion et de leur emploi.

Qu'en faut-il conclure, sinon qu'en cette matière, comme dans les matières de la tutelle, les règles édictées par le Code concernant les meubles et les immeubles ne sont plus en concordance avec les nouveaux besoins économiques et sociaux, que la question des valeurs mobilières prime toutes les autres, qu'à elle seule elle absorbe, en raison de son importance pratique, toutes les préoccupations du législateur.

Toujours est-il que, quand bien même le père serait, comme le tuteur, soumis à certaines restrictions, en ce qui concerne l'aliénation des valeurs mobilières, que nous y verrions plutôt une réglementation nouvelle de cette partie de la fortune, qu'une diminution de pouvoirs du père administrateur, le rétablissement d'un équilibre rompu, le retour au point de départ établi par le Code entre les meubles et les immeubles, qui aujourd'hui se trouve faussé par l'importance prise par la fortune mobilière plutôt qu'une atteinte directe portée aux pouvoirs du père.

Aujourd'hui, comme au moment de la rédaction du Code, comme encore après que le projet de 1881 aura été voté, nous considérons le père comme un administrateur à qui il convient de donner de très larges pouvoirs et qui, en principe, doit pouvoir accomplir tous les actes que le propriétaire, s'il n'était pas incapable, pourrait accomplir lui-même.

SECTION III. — **De l'envoi en possession provisoire.**

97. — Enfin, l'envoyé en possession provisoire des biens d'un absent voit ses droits et ses pouvoirs réglés par l'article 125 :

« La possession provisoire ne sera qu'un dépôt qui donnera à ceux qui l'obtiendront l'administration des biens de l'absent, et qui les rendra comptables envers lui, en cas qu'il comparaisse ou qu'on ait de ses nouvelles. »

Les mêmes questions se posent ici que précédemment, auxquelles, par analogie, nous appliquerons des solutions semblables.

« Dans l'absence comme dans la minorité nous voyons un incapable (absent ou mineur) et une personne (tuteur ou envoyé en possession), placés par la loi à la tête du patrimoine de cet incapable. Dans l'intérêt bien entendu de l'incapable lui-même, l'administrateur doit pouvoir, en principe, soit seul, soit sous certaines conditions, accomplir tous les actes nécessaires ou simplement utiles à la bonne gestion de la fortune, que le propriétaire capable a le droit de faire » (1).

L'administration de l'envoyé en possession provisoire nous paraît présenter les mêmes caractères que l'administration du tuteur et que celle du père administrateur légal ; dans toutes ces hypothèses, le mot administration est pris dans un sens large, et si l'acte d'administration, en soi, reste toujours celui dont nous avons esquissé la physionomie, il n'en est

(1) Léon Michel, *loc. cit.*, p. 214, n° 85.

pas moins vrai qu'il y aura des actes qui en différeront sensiblement, de par leur nature juridique même, et qui néanmoins, par la force des choses, rentreront dans les pouvoirs d'administration *lato sensu*, de l'envoyé en possession provisoire (1).

C'est ainsi, notamment, que l'envoyé en possession provisoire, sans franchir les limites de son droit, vendra valablement les meubles corporels de l'absent et fera cession de ses créances.

Cependant il est certains actes qui lui seront interdits parce que la notion en est absolument incompatible avec celle d'administration, même entendue dans son sens le plus large, ce seront les aliénations à titre gratuit, les actes même à titre onéreux, comportant aliénation d'immeubles, enfin l'acceptation ou la répudiation des successions.

Il a toutefois été élevé contre ce système de nombreuses objections ; c'est d'abord de l'article 125 que l'on argumente, qui emploie les mots dépôt et administration. Voilà, dit-on, des termes singulièrement restrictifs, dont on ne peut ne pas tenir compte.

Sans doute, mais de vouloir prendre les mots à la lettre, on en arriverait à envisager les choses sous un angle trop étroit.

Tout le monde est d'accord pour admettre que le

(1) Merlin, V° *Absent*, sur l'article 126 ; Talandier, p. 198 et s. ; Delvincourt, t. I, p. 100 ; Bordeaux, 1845, D. 46.4.1, S. 46.2.276.

mot dépôt n'a pas, dans l'article 125, son sens juridique habituel, pourquoi ne pas faire la même concession en ce qui concerne le mot administration (1).

Encore une fois, ce n'est pas avec des arguments de mots que l'on résout un problème juridique, mais avec des arguments de raison ; or il nous semble que ceux-ci exigent qu'une grande latitude soit laissée à l'envoyé en possession provisoire, que ce serait tomber dans l'arbitraire que d'exiger l'intervention de la justice, dans le cas où elle n'est pas prévue, et qu'au demeurant, les droits de l'absent se trouvent suffisamment protégés par les mesures qu'édictent les articles 120, 123 et 126 (2).

(1) Pour prouver que l'envoyé en possession provisoire n'a qu'un droit d'administration restreint, et notamment qu'il ne peut pas vendre les meubles, on a tiré argument de l'article 126; il suffit de remarquer que cet article ne traite que la vente du mobilier à l'entrée en charge, et qu'on ne peut en conclure que l'envoyé en possession provisoire ne puisse, dans le cours de son administration, procéder, sans l'autorisation de justice, à la vente des meubles.

(2) *Contrà* : Aubry et Rau, t. 1, 152, 1°, n° 12 ; Demolombe, 2, 111 ; Saleilles, p. 278 et s.

CONCLUSION

98. — La largeur de ce débat, les différentes faces sous lesquelles se présente la question que nous venons de traiter et les constructions juridiques multiples qui en sont la conséquence forcée, font qu'il est malaisé de formuler ici une conclusion unique, qui, dans son inflexible précision, ne s'appliquerait pas uniformément à toutes les hypothèses qu'au cours de cette étude nous avons été amené à examiner.

Si, d'ailleurs dans toute cette matière, le Code n'a pas assez nettement indiqué l'acte qui, à ses yeux, réunissait les éléments constitutifs de l'acte d'administration, s'il n'en a pas, une fois pour toutes, donné une définition qui eût mis fin à toutes les controverses qui s'élèvent à ce sujet, ce n'est certes pas à l'interprète qu'il appartient de se plaindre du silence des textes à cet égard ; celui-ci lui permet au contraire d'appliquer à chaque nouveau cas qui se présente une administration correspondant exactement aux nécessités qui la sollicitent, en en faisant varier la notion suivant les besoins de la cause ; l'acte d'administration est, avant tout, chose qui se modifie et se transforme; et le vague des principes posés par le Code a permis à la doctrine et à la jurisprudence de modeler leurs solutions sur les besoins économiques nouveaux.

Ce n'est pas à dire qu'il n'y ait aucun principe à dégager des textes, et que l'on soit absolument sans guide : ce serait tomber dans l'excès opposé.

Nous avons vu, au contraire, au cours de notre étude, que l'acte d'administration pouvait se concevoir en soi, qu'il correspondait à quelque chose de très réel et de très juridique à la fois, mais qu'il fallait se garder d'en étendre la notion à des cas où, vraisemblablement, il ne devait pas trouver sa place, et que, si l'acte d'administration avait un sens bien défini en droit, il ne fallait pas en conclure qu'il eût partout le même sens et la même portée.

En cette matière plus qu'en toute autre, il faut, loin de se laisser lier par une similitude de mots, s'attacher surtout aux idées qu'ils représentent, et faire varier les solutions d'après les hypothèses dans lesquelles elles interviennent.

Ce qu'il faut c'est modeler l'administration sur les besoins économiques qui ont pu naître ou se modifier depuis la rédaction du Code, et, sans pour cela faire échec aux principes immuables de la loi, faire varier la notion de l'administration au fur et à mesure de ces besoins nouveaux.

Ce ne seront pas des solutions arbitraires, qu'avec ce système on adoptera ; c'est l'évolution naturelle des idées que l'on suivra.

Nous croyons qu'en cette matière, tel est le rôle de la doctrine et de la jurisprudence ; et le mécanisme élaboré par la loi nous paraît assez complet, et assez fertile en conséquences de toutes sortes, pour que nous ne souhaitions à ce sujet aucun nouveau projet de réforme.

Nous pensons, au contraire, qu'il est possible sans heurter de front aucun texte, par le seul jeu régulier des principes, de dégager de l'ensemble des prescriptions posées par le Code, des notions successives d'administration, respectant les règles de droit, posées par le législateur, et répondant en même temps aux tendances sociales et économiques actuelles.

Vu :
Le Président de la thèse,
LÉON MICHEL.

Vu :
Le Doyen,
GARSONNET.

Vu et permis d'imprimer :
Le Vice-Recteur de l'Académie de Paris,
GRÉARD.

TABLE DES MATIÈRES

CHAPITRE II. — Des administrateurs du patrimoine d'autrui.

Section I. — *De l'administrateur conventionnel.*

Section II. — *Du mari administrateur des biens de sa femme.*

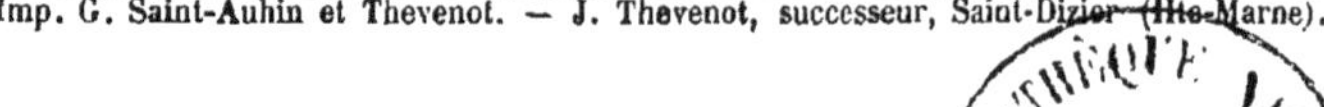
Imp. G. Saint-Aubin et Thevenot. — J. Thevenot, successeur, Saint-Dizier (Hte-Marne).

Imp. G. St-Aubin et Thevenot. — J. Thevenot, successeur, St-Dizier (Hte-Marne)

www.ingramcontent.com/pod-product-compliance
Ingram Content Group UK Ltd.
Pitfield, Milton Keynes, MK11 3LW, UK
UKHW012023240726
13965UKWH00002B/544